Henry Fenzlein

Leipzigs Stadthäuser

Porträt einer Zwischenlösung

STÄDTEBAU – ARCHITEKTUR – GESELLSCHAFT

Herausgeber: Prof. Dr. Harald Bodenschatz, Prof. Dr. Barbara Schönig

ISSN 2191-0472

1   *Juliane Lorenz*
More Urban to Suburbia
Städtebauliche Strategien zur Bekämpfung von *Sprawl* in der Metropolenregion Toronto
ISBN 978-3-8382-0141-2

2   *Clara Franziska Maria Weber*
Unité d'habitation Typ Berlin
Anspruch und Wirklichkeit einer Wohnmaschine
ISBN 978-3-8382-0285-3

3   *Jana Richter*
Die Wechselwirkungen zwischen Tourismus und urbanem Raum
Funktionsprinzipien am Beispiel der räumlichen Entwicklung und der gegenwärtigen Ausprägung der Touristenmetropole Berlin
ISBN 978-3-8382-0327-0

4   *Aline Delatte*
Urban Development on a Participatory Democracy Basis
How to Actively Involve Citizens as Local Experts and Partners in Urban Governance
The Urban Renewal Program *Aktives Stadtzentrum Turmstraße*, Berlin
ISBN 978-3-8382-0464-2

5   *Barbara Schönig (ed.)*
Variations of Suburbanism
Approaching a Global Phenomenon
ISBN 978-3-8382-0619-6

6   *Christian Seemann*
European Shopping Centre Architecture in France and Italy
ISBN 978-3-8382-0857-2

7   *Henry Fenzlein*
Leipzigs Stadthäuser
Porträt einer Zwischenlösung
ISBN 978-3-8382-0846-6

Henry Fenzlein

LEIPZIGS STADTHÄUSER

Porträt einer Zwischenlösung

ibidem-Verlag
Stuttgart

Bibliografische Information der Deutschen Nationalbibliothek
Die Deutsche Nationalbibliothek verzeichnet diese Publikation in der Deutschen Nationalbibliografie; detaillierte bibliografische Daten sind im Internet über http://dnb.d-nb.de abrufbar.

Bibliographic information published by the Deutsche Nationalbibliothek
Die Deutsche Nationalbibliothek lists this publication in the Deutsche Nationalbibliografie; detailed bibliographic data are available in the Internet at http://dnb.d-nb.de.

∞

Gedruckt auf alterungsbeständigem, säurefreien Papier
Printed on acid-free paper

ISSN: 2191-0472

ISBN-13: 978-3-8382-0846-6

© *ibidem*-Verlag
Stuttgart 2016

Alle Rechte vorbehalten

Das Werk einschließlich aller seiner Teile ist urheberrechtlich geschützt. Jede Verwertung außerhalb der engen Grenzen des Urheberrechtsgesetzes ist ohne Zustimmung des Verlages unzulässig und strafbar. Dies gilt insbesondere für Vervielfältigungen, Übersetzungen, Mikroverfilmungen und elektronische Speicherformen sowie die Einspeicherung und Verarbeitung in elektronischen Systemen.

All rights reserved. No part of this publication may be reproduced, stored in or introduced into a retrieval system, or transmitted, in any form, or by any means (electronical, mechanical, photocopying, recording or otherwise) without the prior written permission of the publisher. Any person who does any unauthorized act in relation to this publication may be liable to criminal prosecution and civil claims for damages.

Printed in the EU

Inhaltsverzeichnis

Vorwort 3

1. Einführung 5
   1.1 Problemstellung und Zielsetzung 7
   1.2 Methodik 9

TEIL A
Phänomen Stadthaus - Herkunft, Identität und Funktion eines Bautypus

2. Bürger-, Terrace-, Reihenhaus – die ungleichen Vorfahren des Stadthauses 13
   2.1 Das spätmittelalterliche Bürgerhaus 14
   2.2 Das angelsächsische Terrace House 15
   2.3 Das vorstädtische Reihenhaus 17

3. Karlsruhe, Frankfurt, Berlin – Stadthausmodellprojekte seit Ende der 1970er Jahre 20
   3.1 Karlsruhe Dörfle 20
   3.2 Frankfurt Saalgasse 21
   3.3 IBA 87 Berlin Lützowstraße 22

4. Urbaniten, Planwerk, Speckgürtel – Die Berliner Town Houses nach der Wiedervereinigung 25
   4.1 Neue Urbaniten und die Renaissance der Innenstädte 25
   4.2 Berlin Friedrichswerder - Town Houses als Idee des Planwerks zur kritischen Rekonstruktion des historischen Stadtgrundrisses 27

5. Fazit 30
   5.1 Herkunft 30
   5.2 Identität 30
   5.3 Funktion 31

TEIL B
Funktion und Dimension von Stadthäusern in der Leipziger Stadtentwicklung

6. Problematik in der Leipziger Stadtentwicklung 34
   6.1 Leerstand und baulicher Verfall der Kernstadt 35
   6.2 Abwanderung und Bevölkerungsverlust in der Kernstadt 38

7. Stadtbaustein Stadthaus als Lösungsstrategie 42
   7.1 Freiraumaufwertung der Altbauquartiere und die Hoffnung auf Folgeinvestitionen 42
   7.2 Die Idee des Stadthauses als Gegenmodell zum Einfamilienhaus auf der grünen Wiese 45

8. Planungsakteure und Bewohner	49
8.1 Akteurswandel – vom öffentlichen Entwickler zum privaten Investor	49
8.2 Bewohnermentalität – „Lebensmodell Stadthaus"	53
9. Typologie und Ausprägung	71
9.1 Verteilung im Stadtgebiet	71
9.2 Städtebauliche Typologien – Vom Kleinhaus zum Großhaus	75
9.3 Architektonische Attribute – Der Blick ins Grüne und die Simulation von Masse	77
10. Fazit	80
10.1 Funktion in der Leipziger Stadtentwicklung	80
10.2 Soziale Dimension in der Leipziger Stadtentwicklung	81
10.3 Räumliche Dimension in der Leipziger Stadtentwicklung	82

Teil C
Implementierung und Wandlung am Fallbeispiel Plagwitz

11. Fallstudie Industriestraße	84
11.1 Schwerpunktbereich im Leipziger Stadtumbau - Sanierungsgebiet Plagwitz	84
11.2 Kommunale Investitionen im öffentlichen Raum - Das Beispiel Stadtteilpark Plagwitz	87
11.3 Stadtentwicklung ohne Entwickler - Pilotprojekt Industriestraße	89
11.4 Vom Lückenfüller zum Immobilientrend – Einstieg des privaten Bauträgers Siewert Hausbau	92
11.5 Kommunale Immobiliengesellschaft als Entwickler – Stadthäuser der LWB	95
11.6 Endlosreihe – weitere 10 Stadthäuser von privaten Investoren und Selbstnutzern	98
12. Fazit	101
12.1 Implementierung	101
12.2 Wandlung	102
13. Schlussfolgerung	104
Anhang	**108**
Interviewquellen	108
Interviewpartner	108
Literaturverzeichnis	109
Abbildungsverzeichnis	114
Anmerkung	126
Zum Autor	126
Danksagung	127

Vorwort

Stadthäuser, neudeutsch auch Townhouses genannt, oder einfacher umrissen als innerstädtische Reihenhäuser galten in den späten 1990er und frühen 2000er Jahren in zahlreichen Städten Deutschlands als Königsweg, um steuerkräftige und sozial stabile Milieus in den Innenstädten zu halten – oder sogar sie dahin zu locken. Vielerorts wurden innerstädtische Flächen für eine Typologie ausgewiesen, die ungeachtet ihrer durchaus städtischen Tradition in England aber auch Norddeutschland gemeinhin als eher „suburban" galt. Ob in Dortmund, Leipzig oder Berlin galt es, Angebote für Familien oder städtische Milieus mit zu schaffen, die der Wunsch nach dem eigenen Haus aus der Innenstadt zu drängen schien. Mit dem Stadthaus sollte eine, städtebaulich verträgliche Lösung gefunden zu sein, diesem Wunsch zu entsprechen. So auch gerade in Leipzig: In der Anfang der 2000er stark schrumpfenden, gar „perforiert" genannten Stadt Leipzig , wo Flächenpotentiale in erheblichem Ausmaß vorhanden waren, sollte das Stadthaus noch eine weitere Funktion erfüllen und als Katalysator einer räumlichen Entwicklung und Belebung von Quartieren fungieren. Folgerichtig wurden Bauwillige strukturell und finanziell durch die öffentliche Hand unterstützt und damit ein in Leipzig bislang unbekannter Bautypus etabliert und in seiner städtebaulichen Implementierung begleitet. Nun scheint in Leipzig, im Lichte der dort wie mittlerweile vielerorts zu beobachtenden „Reurbanisierung" der Zentren oder Innenstädte die Zeit des Stadthauses bereits vorbei: Zu groß war die Dynamik der Grundstückspreise, zu groß ist nun die Knappheit an Wohnraum, insbesondere preiswertem Wohnraum, als dass das Stadthaus weiterhin – jenseits eines hochpreisigen privatwirtschaftlichen Segments – marktfähig wäre. Konsequenterweise hat sich die Stadt Leipzig auch von einer Förderung dieses Bausteins mittlerweile wieder verabschiedet.

Stadthäuser aber gibt es nun in Leipzig. Nach der nunmehr knapp fünfzehnjährigen Geschichte des Stadthauses in Leipzig ist es daher an der Zeit, sich zu fragen, welche Bedeutung diesem neuen Baustein städtischer Morphologie und städtischer Wohnformen zukommt und zugedacht wird. Mit welchen Strategien wurde seine Etablierung gesteuert und gefördert, zu wessen Gunsten und mit welchen Effekten für die innerstädtischen Quartiere und Nachbarschaften? Was geschieht, wenn eine als

„suburban" betrachtete Wohnform in innerstädtischen Quartieren etabliert und bewohnt wird?

Henry Fenzlein hat sich in seiner Masterarbeit im Studiengang Urbanistik, die er 2015 an der Professur Stadtplanung an der Bauhaus-Universität Weimar eingereicht hat, diesen Fragen gewidmet. Es ist ihm damit gelungen, eine Geschichte einer bislang kaum beachteten städtebaulichen Typologie und Stadtentwicklungsstrategie der 1990er und frühen 2000er in ihrer besonderen Bedeutung für Leipzig zu umreißen und hinsichtlich ihrer stadträumlichen und städtischen Qualitäten und Defizite zu analysieren. Hieraus lassen sich auch Lehren für die Weiterentwicklung des Stadthauses als Baustein stadträumlicher Entwicklung ableiten.

Barbara Schönig

1. Einführung

Der Anspruch dieses Buches definiert sich weniger über die Beantwortung spezifischer Forschungsfragen, sondern durch das übergeordnete Forschungsziel, die Leipziger Stadthäuser aus einer möglichst umfassenden Perspektive zu porträtieren. Daraus ergibt sich auch das Anliegen, die Inhalte dieses Buches nicht für einen limitierten Fachdiskurs zu konzipieren, sondern einer möglichst breiten Leserschaft verständlich zu machen.

Wohnen in der Stadt ist in Deutschland seit der Industrialisierung eng mit dem Leben in einer Mietwohnung verknüpft. Das Einfamilienhaus dagegen hat seither frei zu stehen, umgeben von einem Stück Land und frischer Luft. Entgegen der Reihenhaustypologien der Angelsachsen sind die Begriffe Stadt und Einfamilienhaus im deutschsprachigen Raum daher heute schwer zu vereinbaren. Der Begriff „Stadthaus" erlebt dennoch in vielen deutschen Städten eine Renaissance und erzählt dabei von einer Wohnform, die moderne Städte nicht mehr kennen, aber derzeit wiederentdecken. Hinter dem Stadthaus verbirgt sich die, aus heutiger Perspektive, paradoxe Wohnform des privaten Rückzuges und dem gleichzeitigen Bedürfnis nach städtischer Umgebung.

Entgegen dieser „neuen" Wohnform leiden nahezu alle deutschen Städte seit längerer Zeit unter der Abwanderung von Bewohnern, die sich ihren Wunsch vom Eigenheim vor den Toren der Stadt erfüllen und damit dem alten Denkmuster von frischer Luft und einem freistehendem Haus folgen. Die negativen Folgen der daraus resultierenden Aufweichung der Grenzen von Stadt und Land, wie beispielsweise die zunehmende Flächenversiegelung, Steigerung des Verkehrsaufkommen oder die Monotonie dieser Orte an sich, sind seit längerem Gegenstand der Forschung. Angestoßen durch Thomas Sieverts, der in diesem Zusammenhang den Begriff Zwischenstadt[1] prägte (vgl. Sieverts 2001), diskutiert man heute die nachträgliche Qualifizierung jener Orte.

---

[1] Siedlungsstruktur, die weder der Stadt, noch dem ländlichen Raum, zugeordnet werden kann. Sie ist im Gegensatz zur Vorstadt der Kernstadt gegenüber eigenständig. Ihre Entwicklung verläuft zumeist planlos und kurzfristig. Die Folge ist eine Zersiedlung des ländlichen Raumes

Gegenläufig zu dieser Abwanderung in den ländlichen Raum, erfährt die Stadt seit Ende der 1970er Jahre eine „Neue Urbanität", so der Titel einer vielbeachteten Studie von Hartmut Häußermann und Walter Siebel (vgl. Häußermann / Siebel 1987). Demnach hat die Emanzipation der Frau, der Aufstieg der Dienstleistung oder auch die Abkehr von Leistungsorientierung zur Formung einer neuen urbanen Stadtgesellschaft beigetragen, welche den Kräften der Abwanderung entgegen wirkt. Der sich ergebende Leerraum durch Abwanderung in den ländlichen Raum bietet dabei Möglichkeitsräume für neue Formen von Urbanität innerhalb der Stadt.

Inmitten dieser gesellschaftlichen Transformationsprozesse und deren andauernder Weiterentwicklung ist die eingangs beschriebene „neue" städtische Wohntypologie des Town- oder Stadthauses entstanden, die derzeit in den Großstädten der Bundesrepublik gefragt ist. Auf innerstädtischen Brach- und Konversionsflächen sind seit der Jahrtausendwende vermehrt Einfamilienhäuser, zumeist in Reihenbauweise, entstanden, die versuchen, die Dissonanz der Begriffe „Stadt" und „Einfamilienhaus" zu überwinden. Das Einfamilienhaus in der Stadt vermittelt dabei zwischen den Bedürfnissen bürgerlicher Stadtflucht und jenen der Urbaniten, die das Modell des privaten ländlichen Rückzuges verneinen.

Leipzig ist eine Stadt, die vom politischen, wirtschaftlichen und gesellschaftlichen Strukturwandel der Wiedervereinigung wie kaum eine Zweite in Deutschland betroffen ist. Der Niedergang der industriellen Fertigung, der Verfall der gründerzeitlichen Wohnquartiere und die enorme Abwanderung hat die Stadt dabei vor große Probleme gestellt.

Seit der Jahrtausendwende sind, bedingt durch die angedeuteten gesellschaftlichen und politischen Bedingungen, auffallend viele Stadthäuser in der inneren Stadt entstanden. In der Forschung wird der Begriff „Stadthaus" deshalb häufig explizit mit der Stadt Leipzig in Verbindung gebracht. Dabei wird deutlich, dass Stadthäuser in Leipzig die Dimension eines strategischen Elementes der Stadtentwicklung eingenommen haben. Die Stadthäuser sind dabei nicht aus den Kräften des Immobilienmarktes entstanden, sondern als strategisches Instrument der Stadterneuerung aus der Leipziger Stadtplanung hervorgegangen. 2006 wurde das Dezernat für Stadtentwicklung und Bau der Stadt Leipzig als Planungsakteur für die aktive Förderung von Stadthausprojekten mit dem Deutschen Städtebaupreis ausgezeichnet.

Das Interesse an der Thematik der Leipziger Stadthäuser ergibt sich zusätzlich aus meinem persönlichen biografischen Hintergrund, 1995 aus Leipzig in ein neu erbautes Eigenheim außerhalb der Stadt gezogen zu sein. Die Entscheidung meiner Eltern wurde unter dem Umstand getroffen, dass der Neubau von Einfamilienhäusern innerhalb des inneren Stadtgebietes zu diesem Zeitpunkt sowohl nicht finanzierbar, als auch aus der Perspektive der Stadtentwickler nicht vorstellbar war. Dass es wenige Jahre später doch möglich wurde, in der inneren Stadt Einfamilienhäuser zu bauen und daraus in der Folge ein nicht übersehbarer Immobilientrend wurde, sorgte bei mir für Irritationen und Interesse an dieser Wandlung.

1.1 Problemstellung und Zielsetzung

Die Meinungen über den Leipziger Stadthaustrend gehen indes weit auseinander. Nicht wenige zeigen sich von der vorstädtischen Wohnform mitten in der Stadt irritiert, gleichzeitig erfreut sich das Wohnen im Stadthaus einer enormen Nachfrage. Während einige Projekte mit Architekturpreisen ausgezeichnet werden, sind andere wiederum der Sachbeschädigung durch Protestbürger ausgesetzt. Einerseits wird der Mut zum Wagnis „Stadthaus" innerhalb der Leipziger Stadtentwicklung hervorgehoben, andererseits die Aufweichung des gründerzeitlich geprägten Stadtkörpers von den Verfechtern der Europäischen Stadt[2] bemängelt. Es stehen sich die Absicht der Förderung von bezahlbarer Eigentumsbildung und die Angst vor Verdrängungsprozessen gegenüber. Eine Stadtentwicklung ohne Entwickler trifft auf einen Immobilientrend der Bauträger. Die Doppeldeutigkeit - die auf den ersten Blick im Wesenszug des Typus Stadthaus steckt - deutet sich auf weiteren Betrachtungsebenen

---

[2] Idealisiertes Stadtmodell. Ab dem 11. Jahrhudert ausgehend vom mittelalterlichen Marklplatz, historisch gewachsene Städte in Europa. Dient als Leitbild der Leipziger Stadtentwicklung

an und lässt das Stadthaus als paradoxen Stadtbaustein erscheinen der ein genaueres Porträt benötigt.

Die Thematik der Leipziger Stadthäuser wurde in der Forschung bisher eher punktuell und gezielt aufgearbeitet, wie am Beispiel der Fallstudie Leipzig Connewitz, die in Tilman Harlanders Sammelband „Stadtwohnen" (vgl. Holl 2007) erschien. Die Fallstudie wird darin neben einer Vielzahl weiterer europäischer Projekte, als positives Beispiel für das Spektrum zeitgenössischer, innerstädtischer Wohnformen angeführt. Ein weiteres Beispiel einer spezifisch fokussierten Auseinandersetzung mit der Thematik der Leipziger Stadthäuser liefern Annett Steinführer, Annegret Haase und Sigrun Kabisch in einem Aufsatz zur Bewertung der Leipziger Reurbanisierung zwischen Planung und Realität (vgl. Haase / Kabisch / Steinführer 2009). Diese empirische Studie beschäftigte sich vordergründig mit der Leipziger Schrumpfungsproblematik und möglichen Steuerungsmechanismen durch die Politik. Die Stadthäuser wurden dabei als eines von weiteren Instrumenten vorgestellt, standen aber nicht im wesentlichen Fokus. Eine Abschlussarbeit an der Universität Leipzig im Fachbereich Geografie bewertete wiederum Standorte auf eine mögliche Eignung für Stadthausprojekte und dürfte für Bauherren und Bauträger interessant sein. Die Autoren befassten sich mit der Forschungsthematik stets aus einem spezifischen Blickwinkel, ohne den Ansatz einer ganzheitlichen Betrachtung zu wählen. Den bisher einzigen Versuch einer umfassenden Auseinandersetzung lieferte die Stadt Leipzig 2011 im Rahmen ihrer Heftreihe „Beiträge zur Stadtentwicklung Nr. 51 - Stadthäuser in Leipzig" (vgl. Stadt Leipzig 2011). Dieser Beitrag ist allerdings wiederum zu einseitig aus der Perspektive der Stadtentwicklung formuliert und seine Ausführungen dabei oberflächlich.

Zu den Berliner Town Houses finden sich dagegen umfassendere Arbeiten wie der gelungene Beitrag der Disko Heftreihe des Studiengangs Architektur und Stadtforschung der Akademie der Bildenden Künste Nürnberg „Disko 19 - Townhouses" von Nine Budde, Kito Nedo und Robert Burghardt (vgl. Budde / Burghardt / Nedo 2010). Darin werden die Berliner Town Houses aus verschiedenen Blickwinkeln, wie politischen Einzelinteressen, Bewohnermentalität, Stadtgesellschaft und Stadtplanung, diskutiert.

Seit 2011 hat sich der Stadthaustrend darüber hinaus verändert, andere Tendenzen deuten sich innerhalb der Stadtentwicklung an, sodass die Stadthäuser eine schwierige Zukunft haben. Die starke Bevölkerungszunahme und die damit verbundene erhöhte Nachfrage nach Wohnraum haben in Leipzig in den letzten Jahren wieder das Investitionsklima für Geschosswohnungsbau geschaffen.

Die dargelegten Argumente: Der stadträumliche Wandel durch Stadthäuser, der biografische Hintergrund, die paradoxen Bewertungsebenen des Stadtbausteins, der bisherige Umgang mit dem Forschungsgegenstand, ein mögliches Ende des Stadthaustrends – verdeutlichen die Motivation dieser Arbeit, die Leipziger Stadthäuser umfassend zu porträtieren. Ziel dabei ist es, das Spektrum von Historie, Funktion, Planungskonstellation, Bewohnern und räumlicher Dimension und Entwicklung in Zusammenhang zu setzen, um so dem Anspruch an ein vielschichtiges Porträt gerecht zu werden.

1.2 Methodik

Dem Forschungsobjekt „Stadthaus" geht die Annahme einer fehlenden Eindeutigkeit des Begriffs voraus. Der Begriff Stadthaus wird deshalb von Beginn an stellvertretend für das Forschungsziel verwendet, der Unschärfe der Thematik durch ein gezieltes Porträt entgegenzuwirken. Es wird davon ausgegangen, dass sich der Forschungsgegenstand im Fortlauf der Arbeit sukzessive konkretisiert. Um der Absicht einer differenzierten Betrachtung gerecht zu werden, gliedert sich die Arbeit in drei Teile, die sowohl eigenständig, als auch im Zusammenhang betrachtet werden können. Diese Teilbereiche können auch als Arbeitsphasen begriffen werden. Die jeweiligen Phasen beschäftigen sich auf einer jeweils unterschiedlichen Maßstabsebene mit dem Forschungsobjekt. In der Abfolge der drei Teile wird sich dem Forschungsobjekt stufenweise angenähert und der Rückschluss zum vorherigen Maßstab gesucht.

Im ersten Teil steht der Begriff Stadthaus noch eigenständig, ohne die Zuweisung eines konkreten Ortes oder zeitlichen Rahmens und wird allgemein auf seine Herkunft, Identität und Funktion untersucht. Damit soll aufgezeigt werden, das die Thematik der Stadthäuser nicht auf Leipzig begrenzt ist, sondern, sowohl in anderen Städten, als auch zu anderen Zeiten, eine Rolle spielt. Leipzig wird deshalb zunächst bewusst ausgeklammert.

Im zweiten Teil wird der Gegenstand Stadthaus mit dem Ort Leipzig verknüpft und auf seine Funktion und Dimension im konkreten städtischen Umfeld untersucht. Dabei wird davon ausgegangen, dass sich der Typus des Stadthauses je nach Ort unterschiedlich verhält und sich beispielsweise die Berliner Town Houses von den Leipziger Stadthäusern unterscheiden. In diesem Teil soll der fehlenden, umfassenden Auseinandersetzung mit der funktionalen, räumlichen, sozialen Dimension der Stadthäuser in Leipzig Rechnung getragen werden.

Im dritten Teil folgt nach der gesamtstädtischen Betrachtung in einer weiteren Maßstabsebene der Fokus auf ein räumlich eingegrenztes Fallbeispiel in Leipzig. Die Fallstudie soll Erkenntnisse über den Wandel an einem konkreten Ort, beispielsweise in Bezug zu Stadtraum, Akteuren oder Nachfrage liefern. Eine zweite, vergleichende Studie wird nicht als sinvoll erachtet, da der gewählte Ort bereits eine Vielzahl unterschiedlicher Beispiele aufzeigt.

Vor die Strukturierung der Arbeit und mögliche Fragestellungen wurde eine intensive Literaturrecherche gestellt, die eine Berechtigung und Motivation für die Arbeit sicherte und die wesentlichen Quellen für den ersten Arbeitsteil lieferte. Nach der Literaturrecherche folgten gezielte Experteninterviews - die Auswahl der Interviewpartner erfolgte unter der Prämisse, neben der Expertentauglichkeit eine Bandbreite möglichst unterschiedlicher Planungsakteure zu gewährleisten. Aufgrund der unterschiedlichen fachlichen Hintergründe der einzelnen Akteure, wurde kein einheitlicher Gesprächsleitfaden verwendet, sondern sich auf jeden Gesprächspartner individuell vorbereitet. Die Gesprächsform wurde dabei so offen und situativ wie möglich gestaltet. Die einzelnen Interviews dauerten zwischen einer halben und einer ganzen Stunde und konnten nach vorheriger Absprache aufgezeichnet werden. Die Audiodaten bildeten eine wichtige Quelle und wurden in allen drei Teilen der Arbeit verwendet. Neben Literaturrecherche und Experteninterviews war die Recherche vor Ort entscheidend. Die Arbeit wurde in Leipzig, dem Standort des Forschungsgegenstandes verfasst, sodass täglicher Zugang zum Feld bestand und auch regelmäßig genutzt wurde. Explizit für die Fallstudie, den Bildband und die kartografische Inventarisation war die Feldforschung elementar.

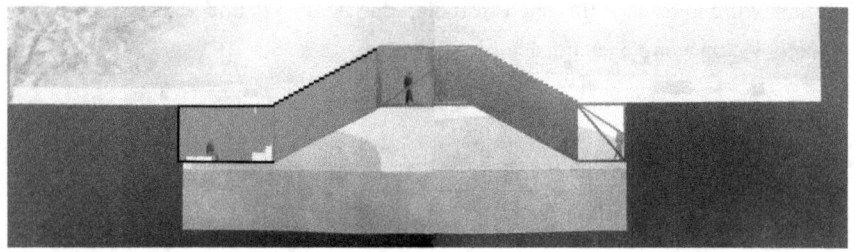

2. Bürger-, Terrace-, Reihenhaus – die ungleichen Vorfahren des Stadthauses

Das Auftaktbild zeigt einen studentischen Entwurf für ein individuelles Wohnhaus auf der Fischerinsel in Berlin. Das Haus erfüllt eine doppelte Funktion, zum einen als privater Wohnraum des Bewohners, zum anderen fungiert es als öffentliche Brücke zur Überquerung eines Kanals (siehe Abb. 1). Das Projekt zeigt den Möglichkeitsraum privater Wohnhäuser in urbaner Umgebung in besonderer Weise auf und erzählt von der Doppeldeutigkeit die innerhalb der Idee des Stadthauses steckt. Es ist der Widerspruch zwischen dem Bedürfnis nach privatem Rückzug und dem gleichzeitigen Verlangen nach einem urbanen Lebensumfeld, der im Typus des Stadthauses steckt. Doch was ist eigentlich ein Stadthaus?

> „Zunächst einmal ein Einfamilienhaus in der Stadt. Im Unterschied zu den herrschaftlichen Leipziger Stadtvillen steht das Stadthaus nicht in einer offenen Bebauung als solitäres, von einem Garten umgebenen Gebäude, sondern in der Reihe [...]. In Fassade und Dachform orientiert es sich an der funktional geprägten Architektur der dreißiger Jahre." (Stadt Leipzig 2003, S.2)

Diese Definition des Leipziger Stadtplanungsamtes täuscht nicht darüber hinweg, dass es sich bei dem Ausdruck „Stadthaus" um einen unscharfen Begriff handelt, der vielfältige Assoziationen und Deutungen hervorruft, macht aber gleichzeitig deutlich, dass der Begriff Stadthaus im Kontext der Leipziger Stadtentwicklung bedeutsam geworden ist. Der erste Teil der Arbeit versucht, über den Umweg der architekturgeschichtlichen Ursprünge dieses Bautypus und seinen planungsgeschichtlichen Werdegang bis in die Gegenwart, eine inhaltliche Annäherung an das Phänomen zeitgenössischer Stadthäuser zu finden. Grundsätzliche Antworten auf Herkunft, Identität und Funktion dieses Typus sollen an dieser Stelle gegeben werden.

Das heutige Stadt- oder Town House hat in Deutschland bis auf wenige Ausnahmen keine eindeutige baukulturelle Tradition (vgl. Wolf 2014, 09:33). Vielmehr finden sich in der Baugeschichte eine Vielzahl typologischer Verwandtschaften zum heuti-

Abb.3: Lucca, Piazza del Anfiteatro
(Quelle: Pedrazzi 2007)

Abb.4: Stadthäuser Elsterstraße Leipzig
(Quelle: Klindtworth 2011)

den vielerorts von der Gründerzeit geprägten Stadtmaßstab widersprüchlich. In Leipzig haben sich Bauordnung und Denkmalschutz lange schwer getan, die niedrigeren Traufhöhen der Stadthäuser im Kontext der Gründerzeitquartiere zu genehmigen (vgl. Schirmer 2011, S.19 ; Wolf 2014, 14:01).

2.2 Das angelsächsische Terrace House

Im Jahr 1826 bereisten zwei hohe preussische Beamte die weltweit führende Industrienation England. Peter Christian Wilhelm Beuth, zuständig für technische und wirtschaftliche Entwicklung und Karl Friedrich Schinkel, Oberbaurat und Professor für Baukunst, waren vom Fortschritt Englands und seinen technischen Errungenschaften begeistert. Was dem Oberbaurat Schinkel auf der Reise missfiel, war der Umgang der Engländer mit der Wohnraumversorgung in den wachsenden Metropolregionen. Er bezeichnete die Reihenhausbebauungen der damaligen Stadterweiterungen als unglückliche Türarchitektur, die sich ausgehend von London im ganzen Land tausendfach wiederhole. Es kam Schinkel so vor, als würden die Häuser in Reihe und Serie aus einer Presse gezogen, gelungenes Bauen war die flache „Türarchitektur" für ihn nicht (vgl. Sewing 2008, S.34). Ein explizites Beispiel für diese „Türarchitektur" stellt Edinburghs Stadterweiterung „New Town" von 1765 -1850 dar (siehe Abb. 5). Diese Stadterweiterungen auf ehemals vorstädtischen Grund von Adligen, basierten auf der Aneinanderreihung eines stets gleichsam schmal und

Abb.5: Edinburgh New Town
(Quelle: norpro 2008)

Abb.6: Adelphi Terrace, London circa 1780
(Quelle: www.british-history.ac.uk/ o.J.)

Abb. 7: Berlin Terrace
(Quelle: PhotoWareHouse o.J)

Abb. 8: Baltimore Row Houses 1914
(Quelle: Kilduffs 2002)

gleichzeitig hoch geschnittenen Reihenhauses, dem sogenannten Terrace House. Das Reihenhaus, ein bis dahin weitgehend unbekannter Typus war in England geboren (vgl. Sewing. 2008, S.35). Das Terrace House wurde ausgehend von England im gesamten angelsächsischen Raum ein beliebter Bautypus, konnte sich aber in Preußen und dem späteren Deutschland bis auf Ausnahmen in Bremen und Hamburg (aufgrund der angelsächsischen Handelsbeziehungen) nicht etablieren. Der Begriff Terrace geht auf die Adelphi Terrace (siehe Abb. 6) zurück, eine elegante Reihenhausbebauung mit palastartiger Fassade an der Londoner Themse, erbaut im Jahr 1768 – erst knapp 250 Jahre später werden in Berlin Treptow die Berlin Terraces (siehe Abb. 7) gebaut – eine späte Einkehr des angelsächsischen Erfolgsmodells nach Deutschland (vgl. Sewing 2008, S.36). Dafür wurde das Terrace House in den USA

Abb. 10: Leipzig, Gartenstadt Marienbrunn 1912
(Quelle: Apotheke Marienbrunn 2013)

Abb. 11: Reihenhäuser Marienbrunn
(Quelle: MDM o.J)

angeschlossen sollten in umliegenden Gartenstädten jeweils 300.000 Bewohner leben. Die Gartenstädte fungierten als Wohnquartiere, die nahezu ausschließlich aus Einfamilienreihenhäusern und Grünanlagen bestanden (vgl. Lichtenberger 2011, S.44f). Howards Prototyp wurde am konsequentesten, bei der im Jahr 1903 in England gegründeten Stadt Letchworth, umgesetzt (siehe Abb. 9). Mit dieser Idee fand ein weiterer Mentalitätswandel mit dem Typus des Reihenhauses statt. Während das mittelalterliche Bürgerhaus noch zentraler Bestandteil des Stadtkerns war, rückte das angelsächsische Terrace House mehr und mehr aus den Zentrumslagen in die städtischen Randzonen zur Industrie. Mit der Idee der Gartenstadt als ausgelagerte Wohnquartiere, abseits der industriegeprägten Städte, war das Reihenhaus nunmehr in die suburbane Vorstadt gezogen. In Deutschland erhielt Howards Konzept der „Neuen Stadt" bei der Errichtung von Werkssiedlungen der industriellen Großbetriebe besondere Bedeutung. Beispielgebend sind die Werkssiedlungen der Familie Krupp (vgl. Lichtenberger 2011, S.46). Auch in Leipzig entstand mit der Gartenstadt Marienbrunn eine vorstädtische Reihenhaussiedlung mit hohem Wohn- und Freizeitwert (siehe Abb. 10 und 11). Die Qualität dieser Siedlungen ist unbestritten, noch heute erfreuen sich die Reihenhaussiedlungen einer hohen Nachfrage und werden als qualitativ hochwertige Vorläufer heutiger Stadthausprojekte beschrieben (vgl. Wölpert 2014, 19:20 ; Wolf 2014, 23:02 ; Stadt Leipzig 2003, S.2).

Die dargestellte typologische Untersuchung zeigt auf, dass die Vorläufer des modernen Stadthauses sehr unterschiedlich definiert werden. Während Vetter auf die mittelalterlichen Bürgerhäuser verweist (siehe Kapitel 2.1), wird von Sewing die flache „Türarchitektur" der Terrace- und Row Houses in den britischen Industriestädten benannt (siehe Kapitel 2.2). Wolf und Wölpert verweisen dagegen in erster Linie auf die zumeist zweistöckigen Reihenhaussiedlungen des frühen 20. Jahrhunderts in Deutschland, die eng mit der Idee der Gartenstadt verknüpft waren (siehe Kapitel 2.3). Zweitens wird deutlich, dass der Wohntypus des Einfamilienhauses in der Stadt, im Gegensatz zu Großbritannien und den USA, keine wirkliche Tradition in Deutschland hat. Die mittelalterlichen Bürgerhäuser sind heute seltene Baudenkmäler, das Terrace House hat es erst vor kurzer Zeit in die deutsche Hauptstadt geschafft und die Werkssiedlungen blieben in ihrer Anzahl auch überschaubar, haben aber am ehesten das Potential, als typologische Vorfahren benannt zu werden. Gleichzeitig wird aber deutlich, das eine typologische Varianz im modernen Stadthaus steckt, die dabei helfen kann, vielfältige Antworten auf die unterschiedlichsten Problemstellungen der Stadtentwicklung zu finden.

bauen zu können und sich ausschließlich auf kleinmaßstäbliche Stadthäuser zu beschränken, begegneten diese Modellprojekte jedoch noch nicht (vgl. Wolf 2014, 03:35).

Sowohl die Protagonisten, als auch die umgesetzten Stadthausprojekte an sich, blieben in den Anfangsjahren überschaubar und wurden gleichzeitig mit Skepsis betrachtet. Die damaligen Projekte können zeitlich in die Spätphase des Wiederaufbaus der deutschen Stadtzentren nach dem Zweiten Weltkrieg eingeordnet werden. Sie haben damit einen längeren historischen Vorlauf, als auf den ersten Blick angenommen. Dieser Umstand impliziert gleichzeitig die Philosophie, die Stadt in ihrem einstigen Maßstab aus Blockrändern zu denken, die aufgelockerte Typologie Stadthaus hatte sich dieser Vorstellung auch noch bei der IBA 87 in Berlin unterzuordnen. Erstaunlich ist aber die konkrete Vorstellung vom Leistungsvermögen und der Schnittstelle des neuen Typus im existierenden städtischen Gefüge, die Lampugnani 1978 im Rahmen der IBA formuliert (siehe Kapitel 3.3). Bis heute hat sich an den damals formulierten grundsätzlichen Erwartungen an das Stadthaus wenig geändert. Ob Wiederaufbau, Aufwertung, Stadterneuerung oder Stadtumbau - das Stadthaus ist spätestens seit Mitte der 1970er Jahre Teil einer deutschlandweiten Fachdebatte und betrat 1978 mit dem vom Bundesministerium für Bau ausgerufenen Wettbewerb „Das individuelle Haus" die politische Bühne.

4. Urbaniten, Planwerk, Speckgürtel – Die Berliner Town Houses nach der Wiedervereinigung

Mit dem Mauerfall und der Überwindung der einstigen Stadtteilung ist Berlin im Anschluss an die IBA 87 endgültig zum weltweiten Zentrum der Architekturwettbewerbe und Planungsdiskurse aufgestiegen. Die zu lösenden Aufgaben, wie etwa die Verlegung des Regierungssitzes von Bonn nach Berlin, das erneute Ausloten eines Stadtzentrums, oder die Konversion von Brachflächen der ehemaligen innerdeutschen Grenze, bedeuten bis zum heutigen Tag gewaltige Planungsaufgaben. Inmitten dieses Ideenpools ist mit den sogenannten Town Houses ein neuer urbaner Trend entstanden (Brendgens 2007, S. 15), der die Idee des Stadthauses fortschreibt und damit beispielgebend für die Aufwertung innerstädtischer Brach- und Konversionsflächen ist.

4.1 Neue Urbaniten und die Renaissance der Innenstädte

Nach einer jahrzehntelangen Tendenz, die unter dem Motto „Raus aus der Stadt" zusammengefasst werden kann, beschworen Hartmut Häußermann und Walter Siebel 1987 in ihrer vielbeachteten Studie „Neue Urbanität" eine neue Stadtbürgerschaft – die Urbaniten. Ihrer Meinung nach haben neue Haushaltstypen, wie beispielsweise Singlehaushalte und geschiedene oder unverheiratete Paare, die Emanzipation der Frau, der Aufstieg der Dienstleistung oder auch die Studentenbewegungen der sechziger Jahre, zur Formung einer neuen urbanen Stadtgesellschaft beigetragen, welche den Kräften der Abwanderung entgegen wirkte (vgl. Häusermann / Siebel 1987, S. 13f). Häusermann und Siebel weckten mit dieser Studie die Hoffnungen der Stadtentwickler auf blühende Zeiten.

Auch, oder vor allem im wiedervereinigten Berlin wurde dieser neue Stadtbürger, der eine urbane Atmosphäre der kurzen Wege und vielfältigen Konsum - und Kulturangebote schätzt und den biedermeierlichen Rückzug ins freistehende Einfamilienhaus der Vororte nur abwertend belächelt, mit Sehnsucht heraufbeschworen.

rer Town House Projekte in Berlin geführt, unter anderem zu nennen sind die Prenzlauer Gärten oder die Town Houses an der Rummelsburger Bucht.

Es wird deutlich, dass die Town Houses in Berlin und insbesondere das Pilotprojekt Friedrichswerder für ein besonders einkommensstarkes Klientel bestimmt sind. Während die Käufer auf der Friedrichswerder mindestens eine Million Euro für ein Town House mit Grundstück bezahlt haben (Wiederverkaufspreise lagen noch wesentlich höher), lag der Durchschnittspreis für die Häuser in den Prenzlauer Gärten bei 380.000 Euro und damit immer noch deutlich zu hoch um ein ernsthaftes Gegenangebot für die Einfamilienhausangebote im Speckgürtel Berlins zu sein (vgl. Brendgens 2007, S. 28). Die Rolle der Town Houses in der Berliner Stadtentwicklung ist die Rolle eines exklusiven Nischenproduktes zur Aufwertung und gezielten Umschreibung von Milieus und damit ein Katalysator für Gentrifizierung. Das Herzstück des Planwerks Innenstadt - der Urbanit - ist also nicht nur groß, schlank, modisch, jung, cool, selbstverständlich, international, elegant und dennoch lässig (siehe Kapitel 4.1), sondern vor allem privilegiert, vermögend und deshalb selten anzutreffen.

5. Fazit

5.1 Herkunft

Die Urform des Stadthauses geht auf die mittelalterlichen Bürgerhäuser ab dem 12. Jahrhundert zurück, zu dieser Zeit war das Bürgerhaus ein fester Bestandteil der frühen europäischen Stadtgründungen. In dieser Form war der innerstädtische Wohntyp bis zur Industrialisierung im 18. Jahrhundert vorherrschend, bis der technische Fortschritt großmaßstäbliche Stadtumbauten (Bsp. Hausmann Stadtumbau Paris) und Stadterweiterungen (Bsp. Gründerzeitquartiere) hervorbrachte (siehe Kapitel 2.1). Im Angelsächsischen Raum entstand 1780 mit den Adelphi Terraces eine palastartige Form innerstädtischer Reihenhäuser in London – der Beginn der Ära der Terrace Houses. Fortan wurde das Reihenhaus über England, Niederlande, Belgien und schließlich auch Übersee in den USA und Australien zur dominierenden Wohnform, die nach und nach an Qualität verlor (siehe Kapitel 2.2). Eine deutsche Urform von Stadthäusern stellen die Reihenhaustypologien der Werkssiedlungen und Gartenstädte des frühen 19. Jahrhunderts dar (siehe Kapitel 2.3). Eine eindeutige Herkunft oder Urform des Stadthauses kann demnach nicht benannt werden. Es handelt sich vielmehr um eine typologische Zwischenform, die aufgrund ihrer vielfältigen architektonischen Verwandtschaft und sozialen Nutzerschaft heute variabel interpretiert werden kann.

5.2 Identität

Das Sprichwort „Aus gutem Hause" verdeutlicht den Zusammenhang zwischen Behausung und Identität. Die typologische Varianz des Stadthauses generiert auch unterschiedlichste Lebensumstände für die jeweilige Bewohnerschaft und somit für die Identität der Häuser. Das mittelalterliche Bürgerhaus brachte beispielsweise eine gutbürgerliche Familie samt Erwerbsstube und Bedienstete unter. In seiner Schichtung vom Keller bis zum Dach und seiner Ansicht zwischen Stadt und Hof, hatte es sowohl herrschaftlichen Dimensionen und Schmuck, als auch funktionale Nüchternheit zu berücksichtigen. Die Londoner Adelphi Terrace war mit ihrer exklusiven Lage am Ufer der Themse und den Arkadenbögen ein höchst herrschaftliches Gebäude (siehe Kapitel 2.2 , Abb. 8), dessen Nutzung sehr ausgewählten Bewohnern vorbehalten blieb. Im starken Kontrast dazu stehen beispielsweise die Terrace- und Row Houses der angelsächsischen Industriestädte des 19. und 20. Jahrhunderts, dessen niedere Lebensbedingungen Robert Roberts in seinem Buch Classic Slums beschreibt (siehe Kapitel 2.2). Die Town Houses in Berlin Friedrichswerder setzten wiederum mit ihrer durchschnittlich dreifachen Nutzfläche gegenüber gängigen Einfamilienhäusern und dementsprechenden Kaufpreisen ein Signal an den neuzeitlichen Anspruch von Stadthäusern in der Hauptstadt.

5.3 Funktion

Bei der Frage nach der Funktion von Stadthäusern muss zwischen individueller Nutzung und dem gesamtstädtischen Nutzen unterschieden werden. Für die individuelle Nutzung zeigt sich ein weitgehend homogenes Bild, denn es ist stets das Wohnen vordergründig geblieben. Alle aufgezeigten Beispiele weisen einen hohen Wohnanteil auf. Bei den Bürgerhäusern der frühen europäischen Städte befand sich mit dem Verkaufsraum oder der Werkstatt der Familie eine gewerbliche Nutzung im Erdgeschoss, einige zeitgenössische Beispiele wie die Town Houses in Berlin Friedrichswerder zitieren dieses Motiv einer öffentlichen Nutzung im Erdgeschoss (siehe Kapitel 4.2, Abb. 23). Der Anteil an gewerblicher Nutzung blieb aber stets gegenüber dem Wohnen gering. Die wachsende Bedeutung des Autos und vor allem die wachsende Anzahl an PKWs führte zu einer Nutzungserweiterung. Moderne Stadthäuser, wie ebenfalls das Beispiel Town Houses Friedrichswerder zeigt, stellen immer häufiger interne Stellplätze für PKWs bereit, um den Bewohnern Parkplatzsuche in den Großstädten zu erleichtern.

Aus der Perspektive des gesamtstädtischen Nutzens zeigt das Porträt primär ebenfalls das homogene Bild der Bereitstellung von Wohnraum. Dennoch erfüllte der Typus auf einer zweiten Ebene vielfältigste Aufgaben und Absichten der Stadtentwicklung. Während die mittelalterlichen Bürgerhäuser in der Logik von Parzelle und Bewohner lange Motiv jeder Stadtgründung und jedes europäischen Stadtgrundrisses blieben, dienten die Terrace Houses der Fabrikarbeiter zur Stadterweiterung und Entlastung der überfüllten Quartiere. Das Beispiel Edinburgh New Town verdeutlicht das Prinzip der Terrace Houses als Werkzeug der Stadterweiterung (siehe Kapitel 2.2, Abb. 6 und 7) in besonderer Weise. Die Terrace- und Reihenhäuser der Gartenstädte boten als neues Instrument der Stadtentwicklung Alternativen zur verlorengegangen Lebensqualität innerhalb der Städte. Die Bergarbeiter- und Werkssiedlungen der Großfirmen - wie etwa der Familie Krupp - dienten wiederum dem Zweck der standortbezogenen Konzentration von Arbeitskräften. Nach dem zweiten Weltkrieg wurden innerstädtische Reihenhaustypen zum Instrumentarium des Wiederaufbaus, wie die Beispiele aus Kassel und Frankfurt zeigen (siehe Kapitel 3.1 und 3.2). Ebenfalls im Vokabular des Wiederaufbaus entstanden unter dem Motto der „kritischen Rekonstruktion" die Town Houses auf dem Friedrichswerder in Berlin (siehe Kapitel 3.2). Das Beispiel Friedrichswerder zeigt aber auch auf welche gezielte Rolle Stadthausprojekte bei der Aufwertung und Umschreibung von städtischen Milieus spielen können und somit ein Katalysator von Gentrifizierung werden.

6. Problematik in der Leipziger Stadtentwicklung

Leipzig ist zur Jahrtausendwende im Umbruch, aus heutiger Sicht im Aufbruch. Das Auftaktbild (siehe Abb.21) porträtiert eine offene Stadt, die einen ersten Spekulations- und Bauboom vordergründig im Sektor von Bürogebäuden hinter sich hat, mit der Sanierung des gründerzeitlichen Altbaubestandes weiter beschäftigt ist und dabei noch immer über eine Vielzahl von innerstädtischen Brachflächen verfügt. Es ist eine historisch einmalige Situation, deren städtebauliche Herausforderung der damalige Beigeordneter für Planung und Bau der Stadt Leipzig Engelbert Lütke Daldrup mit folgenden Worten beschreibt:

> „Das Leitbild der Europäischen Stadt soll als Grundlage für die weitere Entwicklung der inneren Stadt dienen. [...] Die Stadt setzt deshalb die Priorität auf die Weiterentwicklung und Vitalisierung der gründerzeitlichen Stadtquartiere. Stadtreparatur und behutsame bauliche Ergänzung bei gleichzeitiger Verbesserung der Grün- und Freiraumsituation sind die zentralen Aufgaben. Dadurch sollen die Leipziger Altbauquartiere auch langfristig gegenüber den Neubaugebieten im Umland wettbewerbsfähig werden." (Lütke Daldrup 1999, S.5)

Bei der „behutsamen baulichen Ergänzung" und der „Wettbewerbsfähigkeit gegenüber den Neubaugebieten im Umland" wurden Stadthäuser ab der Jahrtausendwende ein wichtiges Werkzeug innerhalb der Leipziger Stadtentwicklung. Nicht von ungefähr mag die Idee von innerstädtischen Einfamilienhäusern als Aufwertungskatalysator kommen. Lütke Daldrup wechselte 1995 aus Berlin von der Stelle als Referatsleiter für Hauptstadtplanung in die leitende Position der Stadtentwicklung nach Leipzig (vgl. Senatsverwaltung Berlin 2014). Ihm sind daher die IBA Debatten um das Leistungsvermögen von Stadthäusern bekannt (siehe Kapitel 3.3), wie auch die Planung der Town Houses auf Friedrichswerder (siehe Kapitel 4.2). Wenn überhaupt ein situativer Vergleich unter den Großstädten der neuen Bundesländer möglich ist, dann lassen sich Berlin und Leipzig bezüglich ihrer Ausgangslage und städtebaulichen Herausforderungen am ehesten vergleichen.

Dennoch ist jede Stadt unterschiedlich und es ist zu erwarten, dass trotz gleicher Planungsakteure und städtebaulicher Leitbilder, die Funktion und Dimension von

Stadthäusern in Leipzig eine andere als in Berlin ist. Der folgende Teil dieser Arbeit möchte deshalb die spezifischen Umstände für den Typus des Stadthauses in Leipzig herausarbeiten, um so auf seine Funktion in der Stadtentwicklung Antwort zu geben. Anschließend soll die stadträumliche Ausprägung und typologische Varianz dieses Typus in Leipzig untersucht werden, um das ortsspezifische Phänomen der Leipziger Stadthäuser zu erfassen.

Die beiden wichtigsten und existenziellen Güter einer Stadt sind, plakativ betrachtet, die Bebauung und die Bewohner. Wenn diese Grundpfeiler des städtischen Lebens ins Wanken geraten, stehen eine Stadt und vor allem ihre Planungsakteure vor gewaltigen Aufgaben. Da Bebauung und Bewohner in dynamischer Abhängigkeit stehen, können sich Probleme potenzieren. Die demografische Krise und der Verfall der Kernstadt[5] sollen an dieser Stelle aufgearbeitet werden. Denn diese beiden Probleme der Stadtentwicklung nach der Wiedervereinigung generierten den Möglichkeitsraum für die Stadthäuser in Leipzig.

6.1 Leerstand und baulicher Verfall der Kernstadt

Der Verfall der gründerzeitlichen Quartiere in der DDR-Zeit stellte einen erheblichen Grund für die Abwanderung aus der Kernstadt dar. Beengte Wohnverhältnisse, veraltete Heizsysteme und außenliegende Sanitäreinrichtungen waren im Vergleich zu den Standards von Neubauten deutlich überholt (vgl. Nuissl / Rink 2004, S. 27). Die Altbaubestände der Gründerzeit, die maßgebende und identitätsstiftende Bauform des Leipziger Stadtkörpers, war in den 40 Jahren der DDR-Zeit, bis auf das Wohnungsbauprogramm 1971, in keiner Form in Stand gehalten worden. Dementsprechend war der Zustand der Quartiere nach der Wiedervereinigung desolat. 1990 waren 103.000 Wohnungen in 12.500 gründerzeitlichen Gebäuden sanierungsbedürftig, weitere 25.000 Wohnungen waren in einem unbewohnbaren Zustand (siehe Abb. 22). Darüber hinaus waren 93.000 Wohneinheiten in den Neubauten der

---

[5] Bereich der Stadt mit hoher Wohndichte, in dem Nahversorgung, regelmäßiger öffentlicher Nahverkehr gewährleistet sind. In Leipzig befindet sich die Kernstadt in einem Radius von 5 km um den historischen Stadtkern

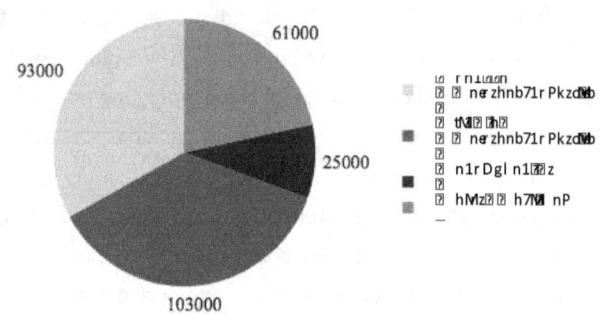

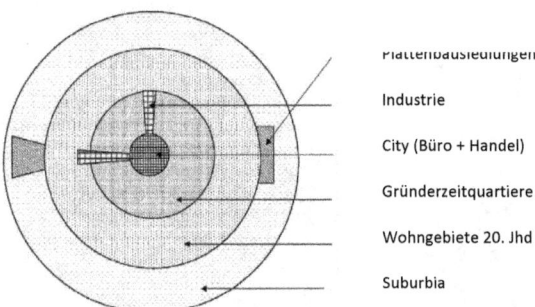

Plattenbausiedlungen

Industrie

City (Büro + Handel)

Gründerzeitquartiere

Wohngebiete 20. Jhd

Suburbia

Abb. 23: Stadtstruktur von Leipzig in der DDR (Quelle: UFZ 2004)

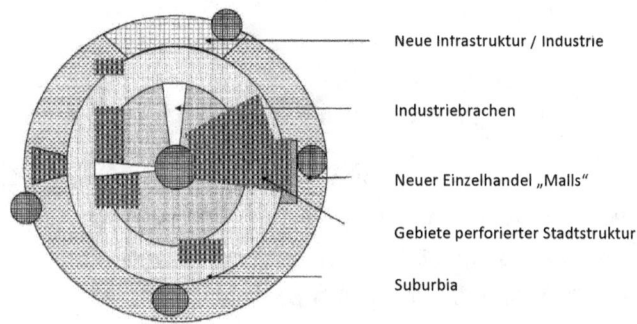

Neue Infrastruktur / Industrie

Industriebrachen

Neuer Einzelhandel „Malls"

Gebiete perforierter Stadtstruktur

Suburbia

Abb. 24: Veränderung der Stadtstruktur nach der Wiedervereinigung (Quelle: UFZ 2004)

stellten im Bezug auf Leerstand und Verfall Brennpunkte dar. Diese Gebiete werden sich nicht zufällig später als Planungsräume für Stadthäuser erweisen. Der Stadtentwicklungsplan für Wohnungsbau und Stadterneuerung (STEP) zeigt auch 10 Jahre nach der Wiedervereinigung noch erheblichen Förderbedarf. Zu diesem Zeitpunkt sind 13 Stadtquartiere, darunter noch immer Connewitz, Lindenau, Plagwitz, sowie weite Teile des inneren Ostens der Stadt als Sanierungsgebiete ausgeschrieben. In diesen Bereichen soll die Stadterneuerung mit höchster Intensität weiter voran getrieben werden (vgl. Stadt Leipzig 2000, S.25 ; siehe Abb. 25).

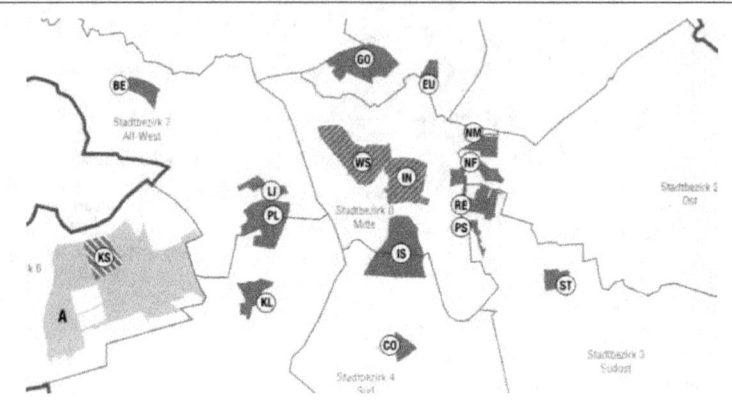

Leipzigs Stadthäuser – Porträt einer Zwischenlösung

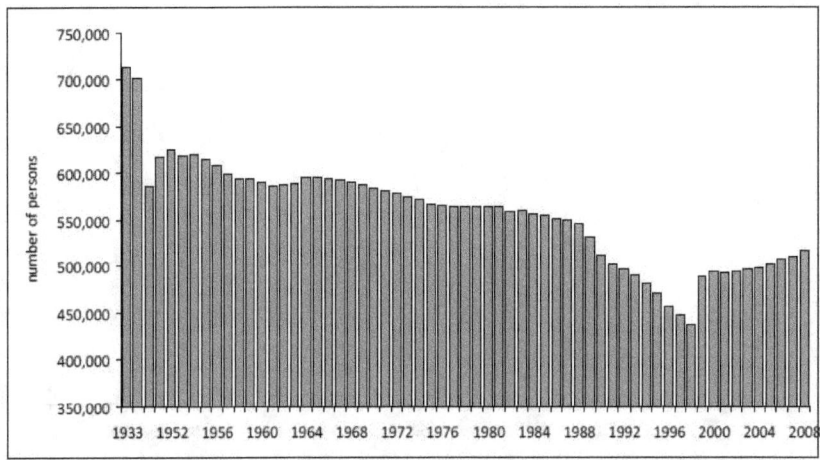

Abb. 26: Bevölkerungsentwicklung Leipzig 1933-2008 (Quelle: UFZ 2011)

der jährlichen Abwanderung in die alten Bundesländer konstant bei 6.000 Personen und damit vergleichbar zur Abwanderung innerhalb der neuen Bundesländer. Den höchsten Anteil am Bevölkerungsverlust hatten die Abwanderer ins direkte Umland von Leipzig. Von 1994 bis 1998 haben 51.000 Menschen Leipzig in Richtung Umland verlassen (siehe Abb. 27 und 28), um mehrheitlich auf der Grünen Wiese[6] ins neu erbaute Eigenheim oder in einen Neubau zur Miete zu ziehen. Es fehlte in der inneren Stadt an bezahlbarem Bauland für Einfamilienhäuser und aufgrund der desolaten Zustände in den Altbauquartieren an attraktivem Wohnraum zur Miete (siehe Kapitel 6.1). Viele Bewohner beschlossen deshalb, trotz der infrastrukturellen Nachteile von Suburbia[7], den Wegzug aus der Kernstadt. Das sächsische Staatsministerium des Inneren reagierte 1997 auf diese Entwicklung mit einem Stadt - Umland - Gesetz für Leipzig, welches eine erhebliche Eingemeindung von fast 50.000 Einwohnern beschloss (vgl. Leipzig Lexikon o.J., o.S.), von denen nicht Wenige vorher aus der Kernstadt ins Umland gewandert sind. Ein raumordnungspolitischer Schachzug, der an den Bedürfnissen der Bewohner wenig änderte. Es ist davon auszugehen, dass nicht Wenige diesen Schritt nicht gänzlich freiwillig gingen, sondern auf-

---

[6] metaphorischer Begriff für unbebautes Land im suburbanen Raum
[7] engl. Vorstadt, Stadtumland. Fachbegriff für suburbanen Raum

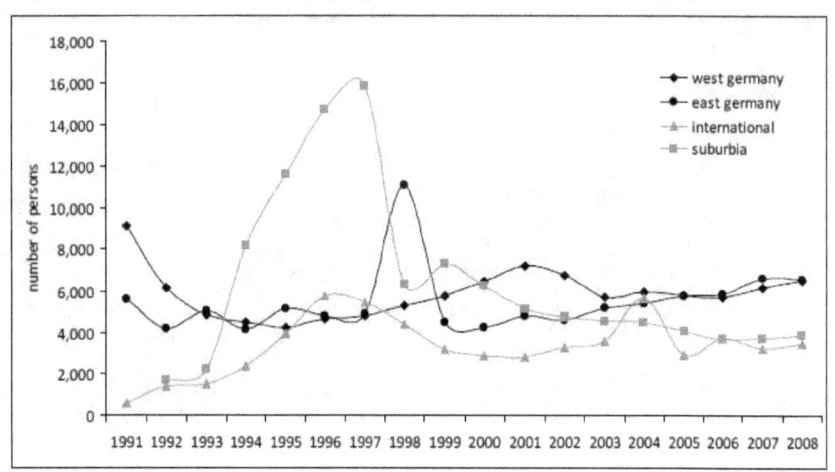

schlaggebend war. Die dadurch zunehmende Perforation bestimmter Stadtteile (siehe Kapitel 6. 1 , Abb. 23 und 24), führte zum ortsspezifischen Umstand, den Stadtumbau in den betroffenen Bereichen auch außerhalb der Logik des Blockrandes zu denken. Dieser Umstand war bei den bereits diskutierten Stadthausprojekten in Karlsruhe, Frankfurt und Berlin (siehe Kapitel 3.1 , 3.2 und 3.3) noch nicht zu beobachten und ist ein spezifisches Phänomen der Leipziger Stadterneuerung nach der Wiedervereinigung (vgl. Wolf 2014, 3:43). Gleichzeitig traf diese Perforation der inneren Stadt auf einen zunehmenden Bauboom von Einfamilienhäusern im Leipziger Umland, womit der Urban Sprawl[8] durch eine zusätzliche Wohntypologie zum zunehmenden Konkurrenzstandort für die Altbauquartiere wurde.

---

[8] engl. Fachbegriff für Zersiedlung: unstrukturiertes Wachstum von Städten hinein in den unbebauten ländlichen Raum

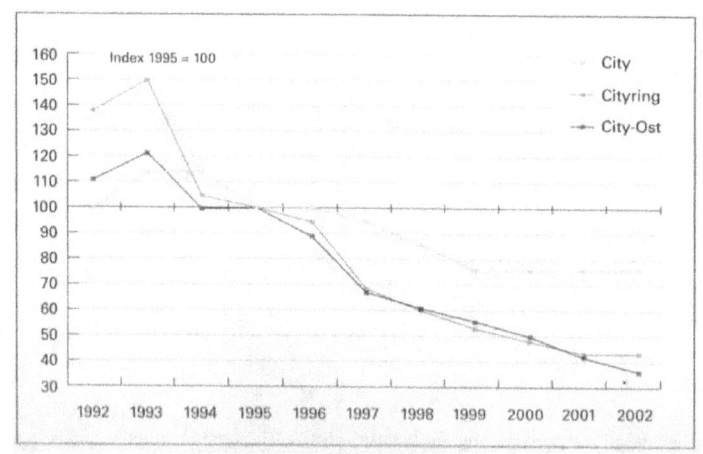

In den ersten Jahren nach der Wiedervereinigung herrschte in Leipzig, einerseits bedingt durch Spekulation und andererseits bedingt durch einen realen Nachholbedarf insbesondere an Büro-und Handelsflächen, ein hoher Druck auf die Bodenpreise. Erst 1997 sank der Bodenwert durchschnittlich unter 100 Euro pro Quadratmeter, bis zur Jahrtausendwende vielerorts gar unter 40 Euro (siehe Abb. 30). Die Abkehr vom Spekulations- und Investitionsstandort Leipzig hatte zur Folge, dass keine erkennbare Nachfrage mehr für die Vielzahl an Brachflächen bestand. Ohne Aussicht auf Entwickler, beschloss die Stadt Leipzig mit der Stadterneuerungsstrategie „Neue Gründerzeit" einen Kurswechsel in der Stadtentwicklungspolitik und übernahm selbst die Rolle des Entwicklers. Als übergeordnete Absicht der Kurserneuerung folgendes Ziel benannt:

„Die Herstellung der Konkurrenzfähigkeit der gründerzeitlichen Quartiere gegenüber den Standorten am Stadtrand und im Umland." (Stadt Leipzig 2000, S.70)

Abb. 31: Brachfläche Prager Straße vorher (Quelle: Heck o.J.)

Abb. 32: Stadtteilgrünfläche nachher (Quelle: Heck o.J.)

Ein wesentlicher Bestandteil der Strategie der neuen Gründerzeit war der Programmpunkt „Mehr Grün in die Gründerzeit". Dies implizierte die Abkehr vom Prinzip des geschlossenen Blockrandes und die Akzeptanz offenerer Strukturen. Das Grün in der Gründerzeit wurde teilweise durch intensive Stadtteilparks und Installationen, aber auch durch extensive Grünräume umgesetzt. Unter dem Slogan „Stadt Halten" (vgl. Heck 2005, S.116) wurden dadurch Brachflächen und Baulücken mit „grünen Polstern" besetzt (siehe Abb. 31 und 32), der temporäre Gedanke mit dem

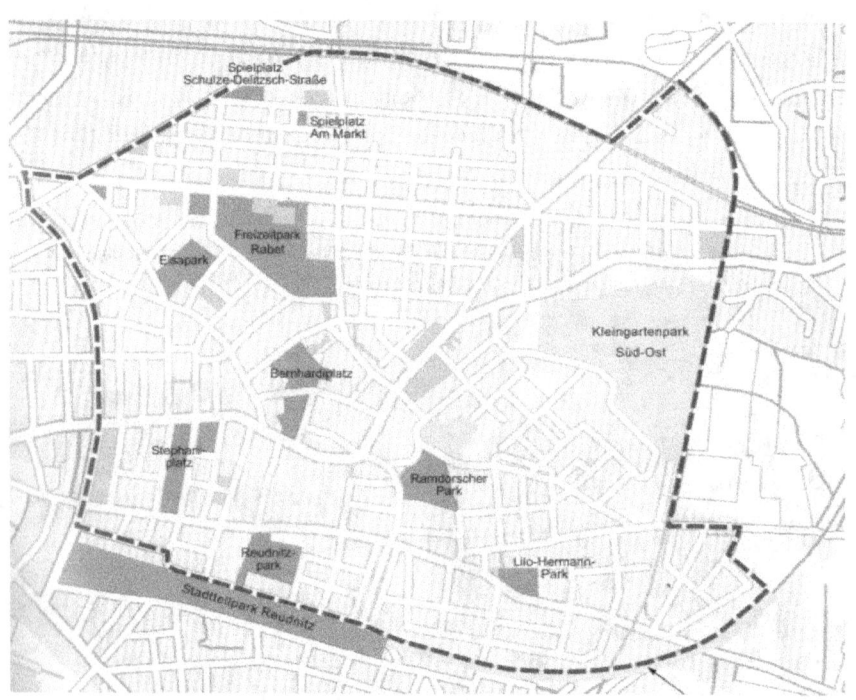

lenden Investitionsbereitschaft aus privater Hand, entschloss sich die Stadt, neben dem sanften Stadtumbau durch Begrünung, auch baulich als Entwickler in Erscheinung zu treten. Die von Nuissl und Rink benannte „Vervorstädterung der Stadt" mit Einfamilienhäusern war der nächste Schritt zur Aktivierung der Brachflächen. Dieser Bruch mit den gängigen Denkmustern der Stadtentwicklung, von offener oder geschlossener Bebauung und gleichsam der Mut für die Überlagerung dieser Strukturen, war nicht selbstverständlich (vgl. Wölpert 2014, 03:45).

7.2 Die Idee des Stadthauses als Gegenmodell zum Einfamilienhaus auf der grünen Wiese

Die Idee der „Vervorstädterung der Stadt" wurde erstmals 1999 in einem Gutachterverfahren zum Stadtplatz Gohlis und Umfeld näher untersucht. In der Dokumentation des Verfahrens heißt es:

> „Der Veranstalter erwartete von den Teilnehmern am Verfahren eine Auseinandersetzung mit möglichen auch alternativ zu betrachtenden Entwicklungsperspektiven [...] mit der Zielsetzung der Komplettierung durch eine neue Art der Bebauung für kleinteilige, innenstadtrelevante und eigentumsfähige Stadt- und Reihenhäuser [...] Hier waren neue und ungewöhnliche Ideen und Interpretationen für diesen innerstädtischen Standort und eine in Leipzig bisher kaum vertretene Gebäudetypologie gewünscht." (Stadt Leipzig 1999, S.16)

Für das Verfahren wurden fünf Arbeitsgemeinschaften von Architekten und Landschaftsplanern eingeladen und eine weitere Arbeitsgruppe von Architekturstudenten der HTWK Leipzig unter Leitung von Prof. Andreas Wolf. Die eingereichten Entwürfe liefern eine erste räumliche Auseinandersetzung von geschlossenen und offenen Baustrukturen, einer Überlagerung von gründerzeitlichen Blockrandfragmenten und kleinmaßstäblichen Stadtbausteinen in Form von Stadthäusern (siehe Abb. 34). An den Entwürfen des Gutachterverfahrens wird der bereits angesprochene ortsspezifische Umstand - den Stadtumbau in den betroffenen Bereichen außerhalb der Logik des Blockrandes denken zu müssen - besonders deutlich (siehe Kapitel

 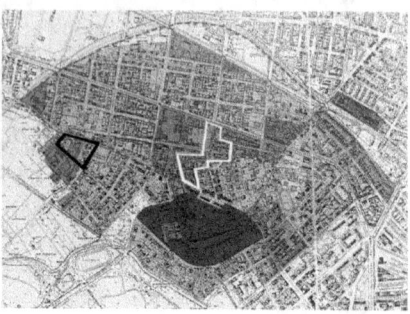

Abb. 34: Entwurf HTWK Leipzig Gutachterverfahren Stadtplatz Gohlis (Quelle: Stadt Leipzig 1999)

Abb. 35: Leipzig Gohlis, Areal Gutachterverfahren (weiß), Areal Pilotprojekt Stallbaumstraße (schwarz) (Quelle: Fenzlein 2014. Grundlagendaten : Stadt Leipzig 1999)

6.2). Die eingereichten Ideen zur Stadterneuerung in Gohlis wurden nach dem Verfahren vom „öffentlichen Entwickler" weiterverfolgt und schließlich in einem Pilotprojekt unweit des Planungsareal des Gutachterverfahrens (siehe Abb. 35, Gutachterverfahren in blau, Pilotprojekt in grün) erstmals baulich umgesetzt. Auf einem 8.000 Quadratmeter großen städtischen Grundstück, das ehemals als Straßenbahnhof genutzt wurde, sind insgesamt 28 Stadthäuser seit dem Planungsbeginn 2001 entstanden. Die Grundstücksgrößen variieren von 150 – 480 Quadratmeter. Vier Architekturbüros haben jeweils vier unterschiedliche Haustypen mit den Namen – Toskana, Algarve, Amsterdam und Kopenhagen – entworfen, die durch eine kompakte, flächensparende Bauweise die Grundstückskosten minimieren und den Raum für Grünflächen maximieren. Die Haustypen und ihr Erscheinungsbild im Siedlungszusammenhang weisen Ähnlichkeiten zum Beitrag zur IBA87 von Rem Koolhaas für die Atriumhäuser in der Berliner Kochstraße/ Friedrichstraße auf (siehe Kapitel 3.3, Abb.15). Die Planung ist aus einem Wettbewerbsverfahren hervorgegangen und beinhaltet auch ein städtebauliches Gesamtkonzept für das Stadthausquartier. Durch das Gebiet führt eine neu angelegte, verkehrsberuhigte Straße, die sich in der Mitte des Quartiers zu einer Platzsituation öffnet (siehe Abb. 36 und 37). Durch dieses Angebot im öffentlichen Raum zur Nachbarschaftspflege und Begegnung, erhält das Areal eine gewisse städtische Qualität, die das Stadthausquartier von den zumeist

Leipzigs Stadthäuser – Porträt einer Zwischenlösung 47

Abb. 36: Übersichtsplan Pilotprojekt Stallbaum- Abb. 37: Pilotprojekt Stallbaumstraße Perspek-
straße (Quelle: baunetz 2010) tive (Quelle: michimaya 2010)

gänzlich privatisierten Einfamilienhaussiedlungen der grünen Wiese unterscheidet. Das städtebauliche Konzept der öffentlichen Durchwegung und Platzgestaltung war aufgrund des städtischen Grundbesitzes und Projektentwicklung möglich, ist aber bei Entwicklung aus privater Hand kaum zu erwarten. Das Beispiel Stallbaumstraße verdeutlicht die Unsicherheit der Stadt Leipzig bei der Realisierung dieses Pilotprojektes. Ergebnis dieser Unsicherheit ist eine vorbildliche Vorgehensweise bei der Umsetzung vom Gutachterverfahren, über einen städtebaulichen Rahmenplan mit öffentlichen Freiflächen, bis zum Realisierungswettbewerb und der letztlichen Umsetzung durch mehrere Architekturbüros. Die Strategie der Implementierung von Stadthäusern durch die öffentliche Hand wurde neben dem Standort Stallbaumstraße im Stadtteil Gohlis auch in der Industriestraße in Plagwitz und an mehreren Standorten im Stadtteil Connewitz umgesetzt. Die ausgewählten Standorte für die Pilotprojekte befinden sich dabei konsequent in den Bereichen mit besonders starker Perforation und Zuweisung durch Sanierungsgebiete (siehe Kapitel 6.1, Abb. 24 und 25).

Zusammenfassend kann gesagt werden, dass die Stadt Leipzig, mit der Entscheidung in den notleidenden Gründerzeitquartieren als Entwickler von suburbanen Wohnformen aufzutreten, Neuland betreten hat. Dies erfolgte aus der Not einer immer geringeren Nachfrage von innerstädtischen Brachflächen und einer steigenden Konkurrenzsituation gegenüber den Neubaugebieten am Stadtrand und im Leipziger

Umland. Diese Entscheidung bedeutete das bisherige Denkmuster der Stadtentwicklung – die Förderung eines möglichst geschlossenen und kompakten Stadtkörpers - grundsätzlich zu überdenken. Ergebnis des Kurswechsels war eine, im Bezug auf Gutachterverfahren, Architekturwettbewerb (Beteiligung mehrerer Architekten) und städtebaulicher Rahmenplan, vorbildliche Vorgehensweise bei der Implementierung des neuen Stadtbausteins Stadthaus. Im Unterschied zur Funktion punktueller Aufwertung in der Logik des Wiederaufbaus - wie es bei den vorgestellten Stadthausprojekten in Karlsruhe, Frankfurt und Berlin geschah (siehe Kapitel 3) - ist das Einsatzspektrum des Stadtbaustein Stadthaus in Leipzig aufgrund der enormen Perforation der Altbauquartiere größer. Die Funktion der Leipziger Stadthäuser ist deshalb nicht auf eine punktuelle Stadtreparatur beschränkt, sondern ein dehnbares Werkzeug in der Stadtentwicklung. Dennoch konnte die enorme Suburbanisierung natürlich weder gestoppt, noch maßgeblich beeinträchtigt werden. Die Funktion der Leipziger Stadthäuser muss als Option verstanden werden. Einerseits für eine bestimmte Nutzerschicht um in der Altstadt bleiben zu können, andererseits als eine Option zur Stadterneuerung.

8. Planungsakteure und Bewohner

Bei der Betrachtung der Planungsakteure[9] soll zunächst die Rolle der Stadt Leipzig als Entwickler näher beschrieben werden. Dabei soll geklärt werden, wie die einzelnen Planungsbehörden zusammengearbeitet haben und in welcher Form eine Förderung und Subventionierung von Stadthausprojekten aus öffentlicher Hand möglich war. Die Entscheidung, als Entwickler in den perforierten Gründerzeitquartieren aufzutreten, war mit der bereits angesprochene Hoffnung auf Folgeinvestitionen durch private Investoren verbunden (siehe Kapitel 7.1). Deshalb soll auch die Frage geklärt werden, ob und wie sich die Konstellation der Planungsakteure nach der Implementierung der Stadthauspilotprojekte durch die öffentliche Hand weiterentwickelt hat.

Ein weiterer Aspekt ist die Thematisierung der Nutzer von Stadthäusern. Es sollen Antworten darauf gegeben werden, für welche Zielgruppe die Stadthäuser gedacht sind und was sich über die Bewohner von Stadthäusern feststellen lässt. Dabei geht es nicht um eine empirische Erfassung der Bewohner, sondern um die Auseinandersetzung mit dem Lebensentwurf Stadthaus und dessen Auswirkungen auf den Sozialraum Stadt.

8.1 Akteurswandel – vom öffentlichen Entwickler zum privaten Investor

Als öffentlicher Entwickler in den Gründerzeitquartieren setzte die Stadt Leipzig verschiedene Fördermittel ein. Es wurden Mittel aus dem Bund-Länderprogramm Städtebauliche Sanierungs- und Entwicklungsmaßnahmen (SEP), dem Landessanierungsprogramm (LSP), dem Europäischen Fond für regionale Entwicklung (EFRE) und dem Programm Stadtumbau Ost (SUO) verwendet (vgl. Stadt Leipzig 2011a, S.53). Damit konnten Gebäude abgerissen oder saniert und Investitionen in den öffentlichen Raum getätigt werden. Der Neubau von Stadthäusern war damit jedoch nicht möglich. Weil auch die Haushaltssituation der Stadt keine direkte Förderung zuließ, war

---

[9] meint die am Bau von Gebäuden beteiligten Personen, Behörden und Institutionen. (Genehmigungsbehörden, Architekten, Bauträger, Grundstückseigentümer, Anwohner etc.)

eine Subventionierung von Stadthausprojekten nur über Umwege möglich. Zur Förderung innerstädtischer Eigentumsbildung (sowohl Stadthäuser als auch Eigentumswohnungen) wurde ein Selbstnutzerprogramm entwickelt, das an Stelle von monetärer Subvention mit Beratung und Moderation Unterstützung leistet und damit auf die Eigeninitiative der Bürger setzt (vgl. Kuhn 2007, S.347). Das Selbstnutzer-Kompetenzzentrum[10] berät Bürger bei der Suche nach Baugruppen, Bauplätzen, Behördengängen, Finanzierungsmodellen und der Vermittlung von Architekten. Die Stadt Leipzig finanzierte das Programm bis 2012, seither müssen die Bürger die Beratung selbst zahlen. 2003 veröffentlichten die Planungsbehörden selbst eine „Steckbriefsammlung" mit 38 möglichen Baugrundstücken für Stadthäuser und den nötigen Informationen zur Eigentumssituation, Baurecht und Ansprechpartnern (vgl. Stadt Leipzig 2003, S.3). Darüber hinaus bemühte sich die Stadt bei der Vergabe ihrer eigenen Grundstücke um die Unterstützung junger Familien mit begrenzten finanziellen Möglichkeiten. Dies geschah beispielsweise bei der Vergabe der Grundstücke in der Stallbaumstraße:

> „Da war die Zielstellung, Grundstücke sollen besonders an junge Familien vergeben werden und deshalb müssen sie bezahlbar sein [...] das war mit Regeln verbunden, pro Kind reduzierte sich der Grundstückspreis nach unten, je größer die Familie war, desto preiswerter hat sie das Grundstück bekommen, das war gleichzeitig mit der Bedingung verbunden, dass es selbstgenutztes Eigentum sein muss und die Familie muss das Haus mindestens 3 Jahre nutzen." (Ginzel, 04:40)

Ein weiterer Aspekt zur Förderung von Stadthäusern war die Gewährleistung eines möglichst reibungslosen Genehmigungsablaufes seitens der Behörden. Dafür wurde eine verwaltungsinterne Baugesuchskonferenz gegründet, die im zweiwöchigen Turnus unter Anwesenheit aller notwendigen Ämter (Stadtplanungsamt, Amt für Bauordnung und Denkmalpflege, Verkehrsplanungs- und Tiefbauamt, Amt für Stadtgrün und Gewässer) über die Bauanträge für Stadthäuser entschied (siehe Abb.38). Diese Konferenz beschleunigte die Genehmigungsvorhaben, während Bauanträge normalerweise eine Bearbeitungszeit von drei Monaten benötigen, wurde der Prozess durch die Konzentration der Ämter auf drei bis vier Wochen verkürzt. Ein weite-

---

[10] 2001 in Leipzig gegründete GmbH zur Förderung von Wohneigentum in Alt -und Neubauten

Leipzigs Stadthäuser – Porträt einer Zwischenlösung 51

rer Aspekt in der Rolle der Stadt Leipzig als Entwickler und Förderer von Stadthausprojekten war die mediale Inszenierung des neuen Stadtbausteins. In der hauseigenen Heftreihe „Beiträge zur Leipziger Stadtentwicklung" widmete man zwei eigene Ausgaben ausschließlich der Thematik Stadthäuser (Heft 37, Standorte für den Neubau von Stadthäusern; Heft 51, Stadthäuser in Leipzig). Darüber hinaus wurde der Architekturpreis der Stadt Leipzig bereits acht mal an Stadthausprojekte vergeben. 2006 erfolgte dann die Bewerbung mit dem Selbstnutzer-Kompetenzzentrum

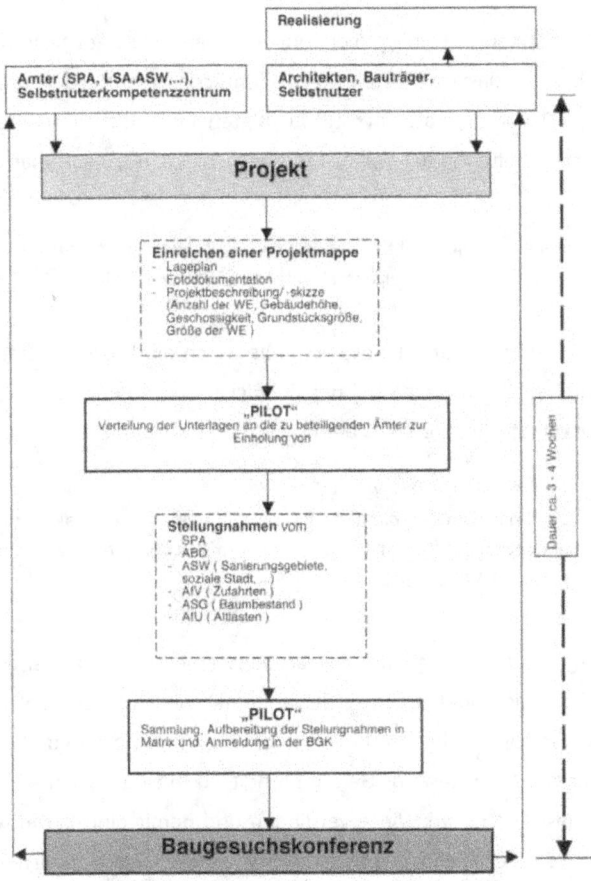

Abb. 38: Planungs- und Genehmigungsverfahren für Stadthäuser (Quelle Stadt Leipzig 2011)

für den Deutschen Städtebaupreis und anschließender Auszeichnung. Die geschickte Inszenierung der Stadthausidee und die qualitative Umsetzung der Pilotprojekte hat dazu beigetragen, dass aus der anfänglich implementierten Strategie durch den Aufsprung privater Investoren ein urbaner Trend wurde:

> „Als dieses Pilotprojekt [Stallbaumstraße] dann endlich vollständig war, konnte man quasi automatisch sehen wie die privaten Eigentümer der Grundstücke nachzogen mit Stadthausprojekten [...] sozusagen sehr direkte Ausstrahlungseffekte." (Ginzel 2014, 07:49)

Die Hoffnung auf bauliche Folgeinvestitionen seitens der Stadt bestätigte sich damit. Es wird geschätzt, dass auf einen Euro öffentliche Finanzierung des Selbstnutzer-Programms, 60 Euro private Investition folgten (vgl. Ginzel 2014, 10:50). Private Bauträger entwickelten in der Folge Stadthausprojekte in Eigeninitiative.

> „In der Immobilienbranche gibt es Trends, die Stadthäuser waren für mich einer dieser Trends [...]. Der einzige wo wir eigentlich aufgesprungen sind." (Siewert 2014, 00:10)

Sowohl der Einstieg privater Investoren, aber auch die Prozessoptimierung anhand der gesammelten Erfahrungen bei der Entwicklung der Pilotprojekte, sorgte für einen Rückzug der Stadt Leipzig aus der Rolle des Entwicklers:

> „Zurückgezogen hat man sich dann, als es von allein ging, als es praktisch keiner Unterstützung mehr bedarf [...]. Das ist jetzt ein ganz normales Verfahren, da ist nichts mehr gesondert zu regeln." (Wölpert 2014, 08:30)

Der Nachfrage und Bautätigkeit von Stadthäusern hat der Wandel der Akteurskonstellation nicht geschadet. Es sinkt der architektonische Anspruch und gleichzeitig steigen die Marktpreise. Bei der Rolle der privaten Investoren von Stadthausprojekten fällt auch auf, das diese ihr Geld mehrheitlich mit der Errichtung von Einfamilienhäusern auf der Grünen Wiese verdienen und damit eine paradoxe Doppelrolle einnehmen – sie beteiligen sich an einer Stärkung der Altbauquartiere in der Kernstadt und gleichzeitig an der Aufweichung des Stadtkörpers am Stadtrand.

Leipzigs Stadthäuser – Porträt einer Zwischenlösung   53

8.2 Bewohnermentalität – „Lebensmodell Stadthaus"

Wenn man etwas haben will, muss man es sich bekanntlich leisten können. Die Frage, was ein Stadthaus kostet, scheint daher angebracht, um Rückschlüsse auf deren Bewohner zu ziehen. Eine Beispielkalkulation des Selbstnutzer-Kompetenzzentrums (siehe Abb. 39) schätzt für ein 140 qm großes Stadthaus bei einer Grundstücksfläche von 250 qm die Gesamtkosten auf 265.000 Euro. Das ist im bundesdeutschen Vergleich ein günstiger Preis für ein Einfamilienhaus, gegenüber den Angeboten im Leipziger Umland (siehe Kapitel 6.2, Abb. 29), aber vergleichsweise teurer und damit

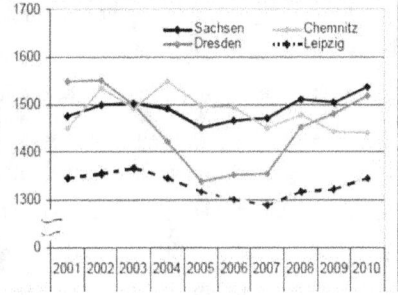

Abb. 39: Kostenkalkulation für Stadthaus mit 140qm Nutzfläche (Quelle: Selbstnutzer Kompetenzzentrum 2011)

Abb. 40: Entwicklung der monatlichen Haushaltseinkommen Sachsen, Chemnitz, Dresden, Leipzig 2001-2010 in Euro (Quelle: Stadt Leipzig 2011)

aus finanzieller Perspektive nur ein eingeschränktes Konkurrenzprodukt zu Suburbia. Betrachtet man die Leipziger Einkommensverhältnisse (siehe Abb. 40) - die allein im Vergleich zum Bundesland Sachsen auffallend gering sind - wird deutlich, dass sich bei geregeltem Einkommen lange nicht jeder ein Stadthaus leisten kann. Es ist damit auch in Leipzig ein exklusives Nischenprodukt. Dennoch wirken sich die geringen Einkommensverhältnisse auf die Ortsspezifik der Leipziger Stadthäuser aus, es sind keine Wohnflächen von bis zu 600 qm wie in Berlin Friedrichswerder üblich. Es geht insgesamt etwas bescheidener zu und so manches Stadthaus erinnert dann doch an das begrenztes Budget ihrer Bauherren. Subventioniert wurden junge Familien (siehe Kapitel 8.1), für die der Typus seitens der Stadtplaner vorgesehen war. Mit dem

Stadthaus wird eine homogene Nutzerschaft angesprochen: bürgerliche Mittelschicht, eigentumswillig, zumeist mit Kind oder Kinderplanung.

> „Die Zielgruppe [...] die suchen genau das, die zentrale Lage, Eigentum und ein kleiner Garten [...]. Die raus ziehen, hätte man eh nicht halten können."(Ginzel 2014, 32:00)

Die Bewohner von Stadthäusern vereint das Bedürfnis unter sich zu bleiben und gleichzeitig Urbanität zu leben, der private Rückzug innerhalb der Masse. Ob man jene die raus ziehen, nicht hätte halten können, lässt sich nicht pauschalisieren. Beobachtungen haben ergeben, dass die Hälfte aller Käufer von Einfamilienhäusern am Stadtrand gerne in der inneren Stadt geblieben wären (vgl. Stadt Leipzig 2011, S. 15). Häußermanns und Siebels Erkenntnis der „Neuen Urbanität" (siehe Kapitel 4.1) beschreibt diesen allgemeinen Popularitätszuwachs des Lebens in der Stadt. Dennoch ist der private Rückzug in der Stadt jünger als die „Renaissance der Stadt". Dieser Rückzug ist ein Bedürfnis nach Exklusivität, das gut ins Zeitalter des Individualismus passt. Mit der Förderung von Stadthäusern bildete sich in Leipzig eine Mentalität, zu der gemeinschaftliche Modelle der Eigentumsbildung bisher nicht vorgedrungen sind. Baugruppen für den Geschosswohnungsbau, wie sie in Berlin vorzufinden sind, werden von den Stadtentwicklern in Leipzig bisher vermisst:

> „Es ist derzeit immer noch so, dass an Grundstücke, die wir, die Stadt, günstig zum Festpreis an solche Baugruppen vergeben, nicht so viel Interesse besteht. Da muss noch ein Prozess stattfinden, weg von der Individualisierung in einem kleinen Häuschen hin zur Gemeinschaft." (Dubrau 2015, S. 23)

Diese „Individualisierung in einem kleinen Häuschen" stört nicht nur die aktuelle Baubürgermeisterin. Gegen das Bedürfnis des innerstädtischen Rückzuges und der Privatisierung der Stadt ist insbesondere in Connewitz, dem traditionellen Proteststadtteil, aufgrund der dort zahlreichen Stadthäuser, Unmut entstanden. Dieser äußert sich nicht nur verbal, sondern auch durch Sachbeschädigung an Stadthäusern (siehe Abb. 41). Es ist die Abneigung gegen die Verpflanzung der Vorstadt in die Stadt und die Mentalität ihrer Bewohner. Es ist nicht die Stadt, die vom Stadthaus profitiert, sondern die Bewohner des Stadthauses profitieren von der Stadt (vgl.

Dieser Umstand ist auch mit der niedrigen Einkommensstruktur der Leipziger Bevölkerung verbunden. Damit ist aber nur die ausgeführte Architektur als „Low Culture" zu bezeichnen. Die Bewohner folgen mit dem Lebensentwurf Stadthaus einem Bedürfnis nach exklusivem Rückzug. Es ist das bewusste Streben nach einem Privileg, denn es können stets nur wenige in der Stadt im Einfamilienhaus wohnen. Dass dieser Umstand auf Widerstand anderer Stadtbewohner stößt, sollte die Bewohner von Stadthäusern nicht verwundern. Es sei an dieser Stelle aber auch erwähnt, dass durch das Stadthauskonzept wichtige Bevölkerungsgruppen an die Stadt gebunden wurden, die beispielsweise im Bereich von Dienstleistung, Fachkraftbedarf und Sozialabgaben einen wichtigen Beitrag zur Stadtentwicklung leisten.

9. Typologie und Ausprägung

Nachdem bezüglich der Dimension von Stadthäusern zunächst der Mensch als Planungsakteur und Bewohner und damit eine soziale Dimension im Vordergrund stand, sollen in diesem Kapitel Antworten auf die räumliche Dimension der Leipziger Stadthäuser gegeben werden. Angefangen von Anzahl und räumlicher Verteilung im Stadtgebiet, über städtebauliche Typologien, bis zur Frage nach wiederkehrenden architektonischen Attributen, soll die räumliche Dimension vom gesamtstädtischen Maßstab bis zur individuellen Ausformulierung der Häuser skizziert werden.

9.1 Verteilung im Stadtgebiet

Im Jahr 2005 wurden nach längerem Planungsvorlauf die ersten Pilotprojekte fertiggestellt (siehe Kapitel 7.2). In den folgenden 10 Jahren sind mehr als 450 Stadthäuser in Leipzig entstanden (siehe Abb.56). Die Übersicht basiert auf veralteten Kartierungen der Stadt Leipzig, Daten des Selbstnutzer-Kompetenzzentrums, Interviews und eigenen Zählungen im Stadtraum und ist daher nur eine Schätzung. Dennoch ist die festgestellte Anzahl im Kontext der allgemeinen Neubautätigkeit in diesem Zeitraum durchaus beachtlich und zeigt warum sich der Begriff „Stadthaus" in Leipzig etabliert hat. Bei der Betrachtung der räumlichen Verteilung wird eine wesentliche Eigenschaft der Stadthäuser deutlich: sie befinden sich innerhalb eines Radius von 5 Kilometern um den mittelalterlichen Stadtkern (siehe Abb.57). In diesem Areal hatte der Typus des Einfamilienhauses keine Tradition, vorrangiger Bautyp sind gründerzeitliche Blockränder. Dieses Gebiet markiert in Leipzig „die Stadt der kurzen Wege" mit öffentlichem Nahverkehr, Nahversorgung und kulturellen Angeboten. Die dortige Maßstäblichkeit von durchschnittlich 20 Metern Gebäudehöhe, die Dichte in der Menschen in den Gebäuden zusammenleben, die Geschwindigkeit in der sich Alltag abspielt, stehen im Kontrast zu den Werten eines Einfamilienhauses und zeigen die Exklusivität dieser Wohnform im Kontext zum Umfeld. An der Übersicht der Verteilung der Stadthäuser wird auch die ehemals starke

Abb. 56: Übersicht Anzahl und Standorte von Stadthäusern in Leipzig
(Quelle: Fenzlein 2015. Grundlagendaten: Stadt Leipzig 2011; Haas 2011; selbstnutzer 2009)

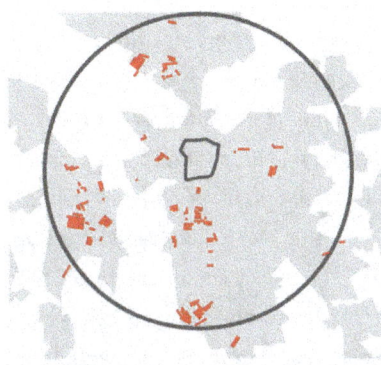

Abb. 57: Lage innerhalb eines 5km Radius um Stadtkern (Quelle: Fenzlein 2015)

Abb. 58: Orientierung zum Auwaldgebiet (Quelle: Fenzlein 2015)

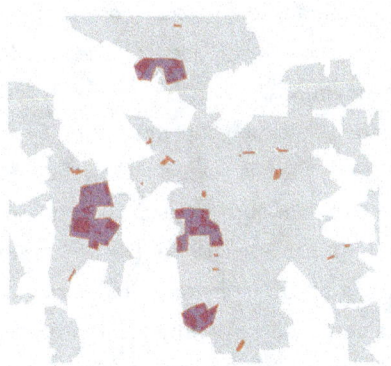

Abb. 59: Konzentrationsräume von Stadthäusern (Quelle: Fenzlein 2015)

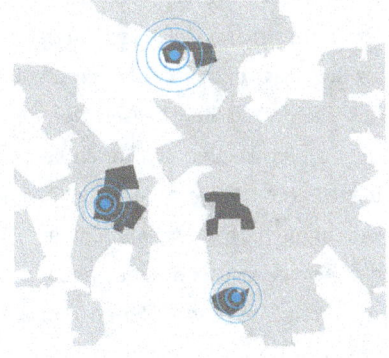

Abb. 60: Standorte Pilotprojekte (Quelle: Fenzlein 2015)

Perforation der inneren Stadt visuell ersichtlich. Bei der weiteren Analyse wird deutlich, dass sich der überwiegende Teil der Stadthäuser in der näheren Umgebung des Leipziger Auwaldgebiets befindet (siehe Abb.58). Dieser Grünkorridor zieht sich von Nordwest nach Süd durch das gesamte Stadtgebiet und fungiert als primärer Naherholungsraum der Stadtbewohner. Durch den Übergang von der Stadt zur Landschaft ist die Integration eines kleinmaßstäblichen Bautyps dort einfacher möglich. Die Orientierung zum Auwald beantwortet auch die Frage, warum Stadthäuser im Leipziger Osten bisher in geringerer Anzahl vorzufinden sind. Der Weg zu den Naherholungsbereichen ist im Osten der Stadt ungleich weiter, was den Standort im Vergleich abwertet. Daran zeigt sich, dass es aufgrund der Vielzahl an Brachflächen im Stadtgebiet durchaus Auswahlmöglichkeiten und Standortabwägungen gab. Es lässt sich unter dem Aspekt der Standortwahl auch eine Konzentration von Stadthäusern feststellen. Bis auf wenige Ausnahmen, befindet sich der überwiegende Teil in 4 ablesbaren Bereichen der Stadt (siehe Abb.59). Im Norden konzentrieren sich Stadthäuser in Gohlis Süd, einem Stadtteil mit herrschaftlichen Villen und Gründerzeitgebäuden, der als vergleichsweise ruhig und mit hohem Wohnkomfort beschrieben werden kann. Im Westen befinden sich viele Stadthäuser in den Stadtteilen Plagwitz und Lindenau, die sich durch ein beachtliches Kulturangebot im Zuge postindustrieller Transformationsprozesse auszeichnen. In der Südvorstadt, dem Stadtteil mit der größten gastronomischen Dichte und pulsierendem Nachtleben, befinden sich auch auffallend viele Stadthäuser. Der vierte Konzentrationsraum befindet sich im Stadtteil Connewitz, der sich durch seine subkulturelle Vielfalt auszeichnet. Neben der dargelegten Differenz der Standorte ergeben sich aber auch folgende Gemeinsamkeiten: die bereits angesprochene Nähe zum Leipziger Grünkorridor (siehe Abb.58), die einstige oder noch bestehende Ausweisung als Sanierungsgebiete, starke Zuzugsraten, steigende Mieten und die damit verbundenen Verdrängungsprozesse. Überlagert man die Standorte der durch die Stadt Leipzig entwickelten Pilotprojekte mit den heutigen Konzentrationsräumen von Stadthäusern (siehe Abb.60), wird deutlich, dass sich im Umfeld der einstigen Pionierprojekte eine Vielzahl weiterer Stadthäuser angesiedelt hat und die Strategie der baulichen Folgeinvestitionen aufging. Es zeigt sich aber auch ein Konzentrationsbereich in dem kein Pilotprojekt vorangestellt wurde und dieses Areal demnach ausschließlich von Investoren projektiert wurde. Die Idee der Stadthäuser hat sich verselbstständigt und ist in die Kräfte des Marktes übergegangen. Der von den Pilotprojekten losgelöste Stadthaus-Standort in der Südvorstadt wirft nachträglich die Frage auf, ob die Bauträger das Konzept der Stadthäuser auch ohne eine vorherige Projektierung durch die Stadt Leipzig aufgegriffen hätten.

9.2 Städtebauliche Typologien – Vom Kleinhaus zum Großhaus

Aufgrund der Vielzahl von Standorten (siehe Kapitel 9.1, Abb. 56) und differenten stadträumlichen Situationen, lässt sich das Stadthaus in Leipzig städtebaulich nicht eindeutig definieren. Es muss eher als variabler Stadtbaustein begriffen werden, der auf die vielfältig perforierte Stadt zu antworten versucht. Der bereits besprochene Umstand, die Stadterneuerung auch außerhalb der Logik des Blockrandes denken zu müssen, beschreibt das breite Einsatzgebiet: von der Brandwand über die Baulücke, den Hof, bis zur großflächigen Brache. Diese Vielfalt unterscheidet die Leipziger Stadthäuser von Stadthäusern in anderen Städten. Die Bandbreite der städtebaulichen Typologien reicht dabei vom freistehenden Kleinhaus über die Blockrandauffüllung bis zum Zusammenschluss von Stadthäusern zum eigenständigen Großhaus (siehe Abb. 61). Es zeigt sich in dieser abstrahierten Übersicht der unterschiedlichen städtebaulichen Lösungen abermals die Paradoxie des Stadthauses, eine Wohnform, die das Gegensätzliche von Stadt und Land zu vereinen sucht. Dabei muss stets das Verhältnis zwischen privatem Rückzug und städtischer Öffentlichkeit ausgehandelt werden. Einige Häuser positionieren sich zurückgezogen in Hofsituationen oder als unscheinbare Anbauten im Hinterhof, andere springen leicht im Blockrand zurück, um eine schützende Tasche zumeist in Form eines Vorgartens zwischen privatem Wohnhaus und öffentlichen Gehweg zu schalten. Größere Siedlungen und Reihungen von Häusern verfolgen das Prinzip des Rückzuges in der Masse und schreiben durch die Vielzahl an Häusern abrupt das städtische Milieu zu Gunsten eines privateren Wohnumfeldes um. Im Kontext des Blockrandes gelingt den meisten Beispielen die Einfügung besser, dabei wird städtebaulich zumeist zwischen einer

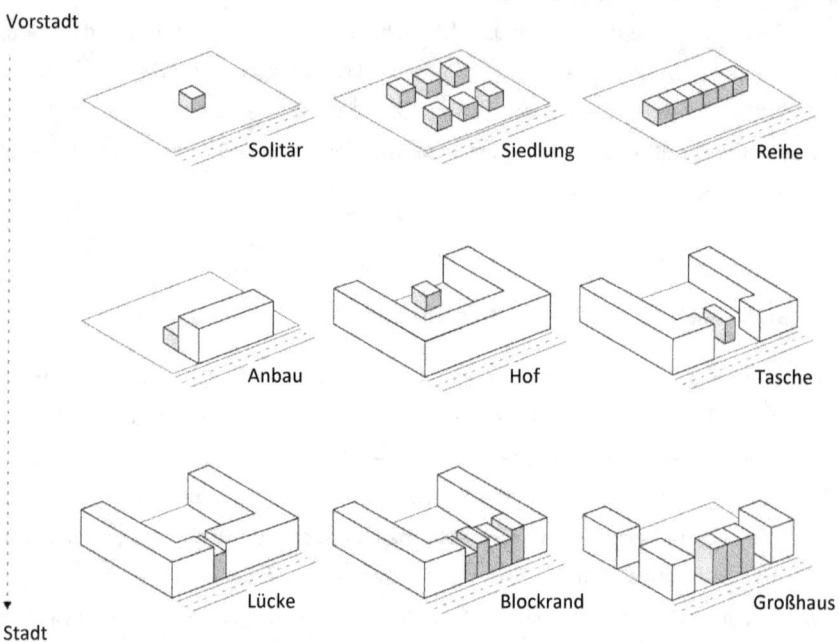

Abb. 61: Vom Kleinhaus zum Großhaus - Städtebauliche Varianz des Leipziger Stadthauses. (Quelle: Fenzlein 2015)

städtischen Vorderseite und einer privaten Hofseite unterschieden. Spannend sind Beispiele, die durch den Zusammenschluss von Einzelhäusern ein eigenständiges und selbstbewusstes Großhaus entwickeln und letztlich das Prinzip der horizontalen Parteientrennung des Geschosswohnungsbaus in die vertikale Reihung verlagern. Es gibt dabei städtischere und eher vorstädtische Lösungen, plakative Verpflanzungen suburbaner Einfamilienhaussiedlungen bis hin zu künstlich überhöhten Gebäuden, um die Giebel der städtischen Nachbarbebauung zu erreichen. Das es einzelnen Beispielen gelingt, sich im urbanen Stadtraum einzufügen, täuscht nicht darüber hinweg, dass sich mehrheitlich nicht um integrative Lösungen bemüht wurde. Zu oft konnten Bauträger lieblose Reihen oder ganze Siedlungen anspruchsloser Kleinhäuser unbeaufsichtigt in den Kontext gründerzeitlicher Quartiere stellen. Bei den Haustypen steht das Reihenhaus im Vordergrund, es finden sich aber auch spannende Lösungen mit Atrium- und Hofhaustypen, die mit dem Prinzip der Reihung überlagert werden. Dabei zeigt sich der im Stadthaus auszuhandelnde Widerspruch zwischen Klein- und Großhaus:

„Das private Wohnhaus als das Labor der architektonischen Einfälle war nämlich immer auch ein Labor für verdichtete Lagen oder gar für den innerstädtischen Geschosswohnungsbau." (Sewing 2008, S.43)

9.3 Architektonische Attribute – Der Blick ins Grüne und die Simulation von Masse

Die Architektur der Häuser ist vom gleichen Konflikt geprägt wie der Städtebau und versucht zwischen vorstädtischen Wohnkonzepten und stadträumlicher Integration zu vermitteln. „Simulation von Masse" und „Der Blick ins Grüne" dienen an dieser Stelle als Metaphern zweier, durch architektonische Mittel zu vereinbarender Identitäten. Beide Identitäten werden in ihrer Rolle dadurch gestärkt, dass einerseits die Fragmentierung der Quartiere nach möglichst viel Masse verlangt, und andererseits die Konkurrenz im Umland den Blick ins Grüne garantiert. Kurz gesagt reicht das durchschnittliche Programm (mittelständische Familie, 120 qm Wohnfläche) in den meisten Fällen nicht aus, um die Lücken im Stadtkörper zu füllen. Gleichzeitig ist eine höhere Verdichtung von Einzelparteien selten möglich, da die Stadthäuser die vorstädtischen Merkmale des Gartens, der eigenständigen Erschließung und Parzelle aufgrund des Konkurrenzstandortes Suburbia aufweisen müssen. Beispiele mit geschickt zusammengelegten Erschließungen oder anderen Flächen der Teilhabe, die nebenbei die Sozialisation der Nachbarschaften befördern, sind nur vereinzelt zu finden. Dies ist ein weiteres Beispiel für die Leipziger Eigentumsmentalität (siehe Kapitel 8.2). Die architektonischen Mittel beschränken sich zumeist auf die Ausbildung und Gewährleistung der individuellen Adresse und der Vermittlung zwischen Individualisierung und Stadt.

Abb. 62: Stadtseite Simulation von 5 Geschossen Abb. 63: Hofseite Abterrassierung
(Quelle: Fenzlein 2015) (Quelle: Fenzlein 2015)

Zugunsten einer größeren stadträumlichen Erscheinung werden private Rückzugsräume eingeschnitten und umrahmt, Einzelhäuser zu größeren Blöcken gereiht und Häuser abseits der Straßenfront terrassiert. Die Simulation von Masse, sei es zur Produktion von Höhe, zum Anschluss an Nachbarbebauung, oder in Form von Länge zur Schließung von Straßenfluchten, ist demnach eine architektonische Eigenschaft vieler Leipziger Stadthäuser, die auf die Überwindung der perforierten Stadt zurückzuführen ist. Häufig zu sehendes Element: die Fassade wird bis zur Traufkante der Nachbarbebauung überhöht, dahinter befindet sich kein Geschoss, sondern eine Terrasse (siehe Abb. 62). Während die Stadtseite homogen geschlossen gestaltet wird, springt das Gebäude zur Hofseite schrittweise zurück und generiert nach dem Prinzip „Der Blick ins Grüne" Terrassenflächen, und großzügige Fensteröffnungen (siehe Abb. 63), im Anschluss daran befindet sich der schmale private Gartenstreifen. Ein anderer typologischer Umgang ist die Ausbildung von geschützten Höfen. Die Stadthäuser werden l-förmig in Reihe zum Blockrand geschaltet, dabei entstehen jeweils Hofsituationen die zur Straßenflucht mit einem mauerartigen Sichtschutz eingerahmt sind (siehe Abb. 64). Durch diese häufig in Leipzig vorzufindende Lösung wird angemessen zwischen den Bedürfnissen des Stadtkörpers und dem Wunsch nach privaten Freiflächen vermittelt. Der „Blick ins Grüne" wird durch die Höfe gewährleistet. Andernorts wird dieser Typus als verdichtete Wohnform auf dem Markt vermisst und für seine Wiederbelebung geworben (vgl. Sewing 2008, S.43). In Leipzig kam diese Wiederbelebung insbesondere in Gebieten mit großflä-

Abb. 64: Simulation von Blockrand durch Schließung der Höfe
(Quelle: Fenzlein 2015)

Abb. 65: Simulation eines Mehrgeschosses durch Parken im Erdgeschoss
(Quelle: Fenzlein 2015)

chiger Perforation zum Einsatz, da die Schließung des Blockrandes, im Vergleich zur herkömmlichen Reihenhauszeile mit weniger Parteien, erzielt werden kann. Aufgrund der gegenseitigen Verschattung der Höfe können nur vergleichsweise geringe Gebäudehöhen erzielt werden, was die Häuser im städtischen Umfeld häufig zu flach erscheinen lässt. Um ausreichend Gebäudehöhe nach dem Prinzip der „Simulation von Masse" zu erzielen, wird das Erdgeschoss bei der Mehrheit der Leipziger Stadthäuser als Pkw-Stellfläche verwendet und durch einen Haustechnikraum komplettiert. Der eigentliche Wohnbereich beginnt dann erst im 1. Obergeschoss (siehe Abb. 65).

Bei aller Mühe und Vielfalt, sich in den städtischen Kontext einzufügen, konnte sich ein Großteil der Leipziger Stadthäuser nicht angemessen integrieren und erinnert stark an die vorstädtische Konkurrenz. Dieser Umstand ist vordergründig der architektonischen Ausführung geschuldet, die elementaren Gründe dafür sind aber neben den Architekten bei weiteren Akteuren zu suchen: zu wenig Budget bei den Nutzern, zu wenig Interesse bei den Stadtentwicklern, zu viel Profit bei den Bauträgern. Die Rolle der Bauträger ist dabei in besonderer Form entscheidend und wird in der Folge noch näher diskutiert.

10. Fazit

10.1 Funktion in der Leipziger Stadtentwicklung

Die Missachtung der stadtprägenden Altbaubestände während der DDR-Zeit hat den Wohnstandort Leipzig nachhaltig geschwächt und in Verbindung mit dem Niedergang der industriellen Fertigung zu einem hohen Maß an Leerstand und Fragmentierung in der Kernstadt geführt. Parallel und auch als Reaktion darauf, wanderten in den ersten 10 Jahren nach der Wiedervereinigung über 50.000 Menschen ins Leipziger Umland ab (10 Prozent der Leipziger Bevölkerung), um sich mehrheitlich den Wunsch eines Einfamilienhauses zu erfüllen. Um auf den zunehmenden Konkurrenzstandort Suburbia zu reagieren, beschlossen die städtischen Planungsbehörden der Abwanderung mit einer Umkehr des Urban Sprawl zu begegnen und die Brachflächen der inneren Stadt auch für den Bau von Einfamilienhäusern freizugeben. In der Stadterneuerungsstrategie „Neue Gründerzeit" wurden die Stadthäuser neben sanften Maßnahmen der temporären Begrünung und anderen Zwischennutzungsformen als bauliche Option der behutsamen Stadterneuerung verankert. Die Funktion der Stadthäuser definiert sich dabei nicht darüber, den Bau von Einfamilienhäusern im Umland und damit den Wegzug von Bewohnern und Steuereinnahmen zu stoppen, sondern mit einem Gegenangebot in den Altbauquartieren die dortige Standort – und Lebensqualität zu verbessern. Unter dem Motto „Leben einhauchen" wurde dabei gezielt auf Ausstrahlungseffekte und Folgeinvestitionen gesetzt. Die erhoffte positive Entwicklung hinsichtlich Bevölkerungsentwicklung, Investitionstätigkeit und Sanierungsfortlauf ist in den Altbauquartieren mehrheitlich eingetreten. Die Stadthäuser haben daran ihren Anteil; wie hoch dieser einzuschätzen ist, kann an dieser Stelle nicht abschließend geklärt werden.

10.2 Soziale Dimension in der Leipziger Stadtentwicklung

Die Stadthäuser wurden zunächst aus der Not nach dem Prinzip „Stadtentwicklung ohne Entwickler" durch städtische Planungsbehörden in Pilotprojekten erprobt. Aufgrund fehlender monetärer Fördermittel wurde ein Selbstnutzerkompetenzzentrum ins Leben gerufen, dass potentiellen Bauherren stattdessen durch Moderation zur Seite steht. Dieses Modell basiert auf einer größeren Eigeninitiative der Bauherren. Das Verhältnis der Planungsakteure hat sich in der Folge auch auf das Bestreben der Behörden hin, die ungewohnte Rolle des Entwicklers wieder abzugeben, fließend in die Richtung privater Bauträger verschoben. Aus einem Lückenfüller wurde ein beliebtes Lebensmodell. Aufgrund fehlender Erfahrungswerte bezüglich der Integration suburbaner Einfamilienhaustypologien im städtischen Kontext, sind die Anfangsprojekte unter hohem Aufwand behutsam entwickelt worden. Die Übernahme der Idee durch private Bauträger hat den Leipziger Stadthäusern aus architektonischer und städtebaulicher Perspektive geschadet, nicht aber der Nachfrage. Es ist die Nachfrage nach einem privaten Rückzugsort inmitten urbaner Dichte und damit die Sehnsucht nach einem exklusiven Lebensmodell, denn wenn jeder Stadtbewohner in einem privaten Einfamilienhaus lebt, wäre die Stadt nicht mehr existent. Dieser Lebensentwurf beruht auf der allgemeinen Renaissance der Städte und auf der zunehmenden Individualisierung der Gesellschaft. Die Zielgruppe, junge mittelständige Familien, wurde anfänglich von der Stadt Leipzig beim Kauf von Grundstücken subventioniert, je größer die Anzahl an Kindern, je geringer der Grundstückspreis. Die Eigentumsförderung und damit eine Standortbindung insbesondere zukunftsperspektivischer Familien war und ist ein vorrangiges Ziel der Stadtentwicklung. Die entstandene Eigentumsmentalität hat bisher kaum gemeinschaftliche Modelle der Eigentumsbildung hervorgebracht. Gegen die Werte des Lebensmodells Stadthaus sind in Leipzig wiederholt Proteste aufgekommen, die zum Teil auch durch Sachbeschädigung zum Ausdruck gebracht werden. Es ist die berechtigte Angst vor beschleunigter Aufwertung, auch wenn die Leipziger Stadthäuser nicht dem Premiumsegment der Berliner Town Houses entsprechen, sind sie dennoch kein sozialer Wohnungsbau.

10.3 Räumliche Dimension in der Leipziger Stadtentwicklung

In den vergangenen zehn Jahren wurden über 450 Stadthäuser in der inneren Stadt errichtet. Bei der Verteilung im Stadtgebiet wird eine Orientierung zum westlich gelegenen Naherholungsgebiet Auwald deutlich, weshalb im Osten der Stadt weniger Stadthäuser zu finden sind. Im näheren Umfeld der drei Standorte der Pilotprojekte (Gohlis, Plagwitz, Connewitz) entwickelten sich in der Folge auch der Großteil der Folgeprojekte. Die Anzahl ist im Kontext der stagnierten Neubautätigkeit in diesem Zeitraum beachtlich und, bezogen auf den Bau von Stadthäusern in anderen deutschen Städten, noch wesentlich höher einzuschätzen. Selbst in Berlin, der Stadt die mit Town Houses einen vergleichbaren Immobilientrend erlebt, dürfte die Zahl der realisierten Projekte kaum höher sein. Diese Vielzahl ist auf die enorme Perforation der Leipziger Gründerzeitquartiere zurückzuführen. Zwischen der Kleinmaßstäblichkeit der Häuser und der Fragmentierung der Stadt besteht dabei ein Spannungsverhältnis. Die zu füllenden Lücken sind zu groß, als dass die Stadthäuser sie wirklich schließen könnten. Dieser Umstand impliziert die Schwierigkeit, die Häuser auch außerhalb der Logik des Blockrandes denken zu müssen und häufig auf eine Simulation von „Masse" zurückzugreifen. Die Varianz der städtebaulichen Typologien reicht dabei vom freistehenden Kleinhaus, über die Reihung im Blockrand, bis zur Fügung von Einzelhäusern zu einem eigenständigen Großhaus. Die Reihung von Häusern zu einer größeren Struktur ist dabei übergeordnet. Zur Gefahr des Typus Reihenhaus:

> „Er [Typus Reihenhaus] eignet sich in der kleinen Serie, immer gezielt auf den Ort bezogen, nicht aber als flächendeckendes städtebauliches Element." (Sewing 2008, S.42)

Es ist Schinkels Unverständnis von der flachen Türarchitektur der englischen Reihenhaussiedlungen (siehe Kapitel 2.1) vor der Sewing warnt. Diesen Maßstab haben die Stadthäuser in Leipzig lange nicht erreicht, dennoch fällt die Vielzahl und lieblose Reihung in bestimmten Bereichen der Stadt negativ auf. Es ist räumlich dabei oft der Widerspruch zwischen Klein -und Großhaus zu spüren.

11. Fallstudie Industriestraße

Nach der gesamtstädtischen Betrachtung wird an dieser Stelle der Fokus auf ein kleinräumiges Areal gelegt. Die Fallstudie ermöglicht es, die Stadthäuser genauer und gezielter zu porträtieren, als das die Untersuchung der Gesamtstadt möglich machte. Die Wahl des Standortes der Studie ist dabei nicht zufällig. Der gesamte Stadtteil Plagwitz unterliegt seit der Wiedervereinigung einem massiven Transformationsprozess aufgrund seiner abrupt beendeten industriellen Vergangenheit. Insbesondere am Standort Industriestraße wird der Strukturwandel vom Industrie- zum Wohnquartier besonders deutlich. Das Titelbild zeigt auf, welche Kontraste dabei entstehen und das Stadthausprojekte im Kontext dieses Strukturwandels in Plagwitz bedeutsam sind. Es wurde in dieser Arbeit bereits auf einen Akteurs- und Mentalitätswandel vom Nischenprodukt zum Lebensmodell hingewiesen (siehe Kapitel 8.1). Die Höhe privater Folgeinvestitionen im Rahmen des öffentlich finanzierten Selbstnutzerprogramms (zur Förderung von Wohneigentum mehrheitlich in Form von Stadthäusern) wurde auf ein Verhältnis von 1 zu 60 Euro beziffert (siehe Kapitel 8.1). Ein solches Pilotprojekt im Selbstnutzer-Prinzip wurde am Standort Industriestraße implementiert, Folgeinvestitionen blieben nicht aus und veränderten das Areal maßgeblich. Dieser Prozess – Implementierung und Wandlung der Leipziger Stadthäuser – soll an dieser Fallstudie näher skizziert werden. Dabei liegt der Fokus auf den räumlichen und monetären Veränderungen. Nachfolgend wird der Wandel in seiner zeitlichen Abfolge dokumentiert.

11.1 Schwerpunktbereich im Leipziger Stadtumbau - Sanierungsgebiet Plagwitz

Das Sanierungsgebiet Plagwitz wurde 1994 förmlich festgelegt und ist in seiner Größe von 86 Hektar seither bestehend. Ein Ende der Ausweisung ist noch im Jahr 2015 geplant. Das Gebiet liegt circa drei Kilometer westlich des Leipziger Stadtzentrums und ist durch eine starke Durchmischung von Wohn- und ehemaligen Industriebauten geprägt. Der Übersichtsplan des Sanierungsgebietes zeigt den Kontrast zwischen großmaßstäblichen Industriebauten, den Brachflächen und der Körnung der

Leipzigs Stadthäuser – Porträt einer Zwischenlösung 85

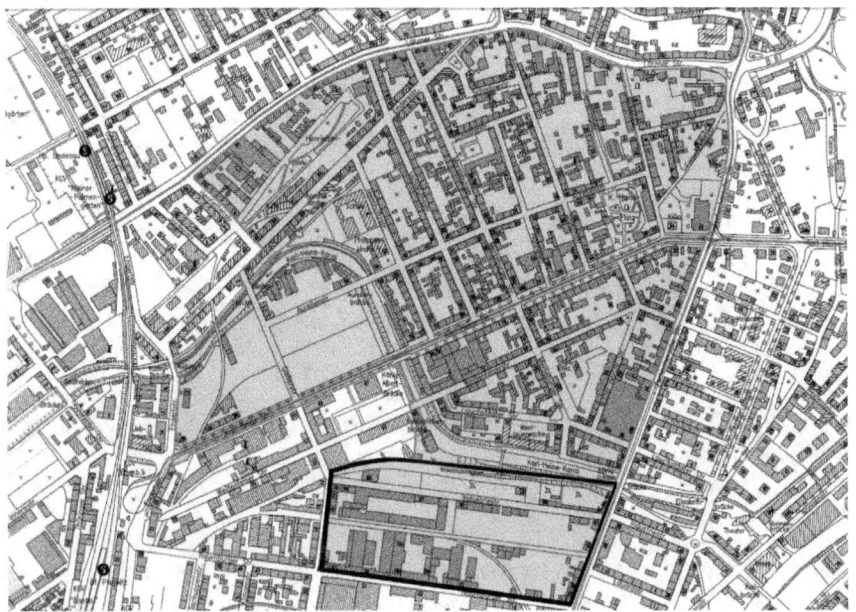

Abb.67: Übersichtsplan Sanierungsgebiet Plagwitz, Areal Fallstudie schwarz markiert
(Quelle: Stadt Leipzig 2011)

Gründerzeitquartiere (siehe Abb. 67). Prägend sind der Erholungsraum Karl-Heine-Kanal und die Magistrale Karl-Heine-Straße, die sich in den letzten Jahren zu einer sehr beliebten Kultur- und Freizeitmeile entwickelt hat. Industrie und Kultur werden im Stadtteil geschickt kombiniert, mit dem Gelände der alten Baumwollspinnerei, dem Westwerk und dem Tapetenwerk sind maßgeblich stadtteilfördernde Kultureinrichtungen im Umfeld entstanden. Die Bevölkerung wächst seit dem Jahr 2000 kontinuierlich, seit 2004 ist die Bevölkerungszunahme gemessen am gesamtstädtischen Wachstum überdurchschnittlich (vgl. Stadt Leipzig 2011a, S.54). Der Imagewandel vom innerstädtischen Industriestandort zum beliebten Wohn- und Kulturstandort ist gelungen und wäre ohne Fördermitteleinsatz nicht in dieser Form möglich gewesen. Die eingesetzten Fördermittel zur Stadterneuerung im Sanierungsgebiet stammen mehrheitlich aus dem Landessanierungsprogramm (LSP) und dem Programm für Städtebauliche Sanierungsmaßnahmen (SEP). Von 2004 bis 2008 wurden Gelder aus dem EFRE-Brachen Programm akquiriert und von 2007-2013 aus

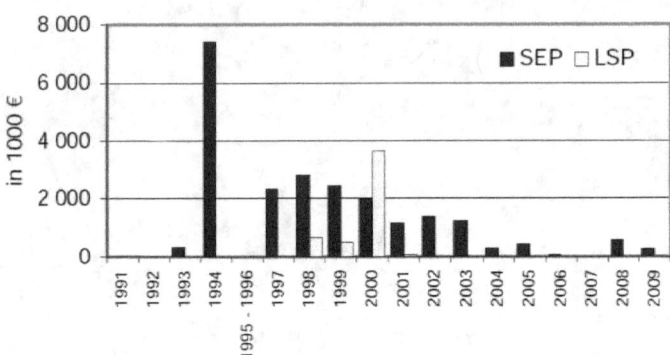

Leipzigs Stadthäuser – Porträt einer Zwischenlösung 87

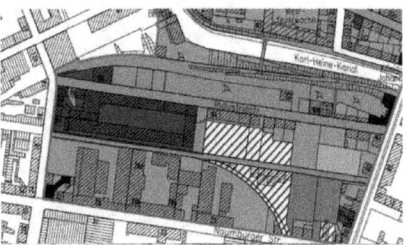

Abb. 69: Areal Fallstudie, Stand Sanierungsmaßnahmen im Jahr 2000, dunkelgrau: gefährdete Bausubstanz, hellgrau: konsolidiert (Quelle: Stadt Leipzig 2000)

Abb. 70: Areal Fallstudie, Stand Sanierungsmaßnahmen im Jahr 2008, dunkelgrau: gefährdete Bausubstanz, hellgrau: konsolidiert (Quelle: Stadt Leipzig 2011)

2000 noch weite Teile baulich gefährdet waren (siehe Abb. 69, in dunkelgrau), gilt das Gebiet mittlerweile als weitgehend konsolidiert (siehe Abb. 70, in hellgrau). Anschub für die Entwicklung des Standortes war die Umwandlung der ehemaligen Eisenbahnverladestation an der Industriestraße zu einem Stadtteilpark Ende der 1990er Jahre. Diese Transformation einer Brache zu einer attraktiven Aufenthaltsfläche für die Bewohner des Stadtteils war ein maßgeblicher strategischer Schritt zur Konsolidierung des Quartiers.

11.2 Kommunale Investitionen im öffentlichen Raum - Das Beispiel Stadtteilpark Plagwitz

1997 lobte die Stadt Leipzig als Bauherr ein landschaftsplanerisches Gutachterverfahren mit dem Ziel aus, die Eisenbahnverladestation an der Industriestraße zu einem öffentlichen Stadtteilpark umzugestalten. Für das Verfahren wurde eine Mehrfachbeauftragung an neun Landschaftsarchitekturbüros erteilt. Der Wille zu einer anschließenden Realisierung wurde bereits in den Auslobungsunterlagen betont. Als besondere Schwierigkeit wurde die anspruchsvolle Hanglage und langgezogene Grundstücksform des Geländes ausgemacht. Unter den Einreichungen ist das Berliner Büro Lützow 7 einstimmig als Sieger hervorgegangen und wurde anschließend mit der Realisierung beauftragt. Von den Juroren wurde der sensible Umgang mit

Leipzigs Stadthäuser – Porträt einer Zwischenlösung 89

Abb. 72: Gelände vor der Transformation zum Stadtpark (Quelle: Stadt Leipzig 1998)

Abb. 73: Geländer nach Transformation zum Stadtpark (Quelle: staedtebauförderung.info 2008)

Millionen Euro. Im Verhältnis zur Gesamtförderung des Sanierungsgebietes von 30 Millionen Euro (siehe Kapitel 11.1) nimmt der Stadtteilpark damit eine intensive Rolle ein. Dieses Prinzip der Freiraumaufwertung zur Gewährleistung eines Investitionsklimas wurde in dieser Form an weiteren Standorten, wie dem Lene-Voigt Park in Reudnitz, dem Rabet in Neuschönefeld, und dem Henriettenpark in Lindenau umgesetzt (siehe Kapitel 7.1). Zusätzlich zum Plagwitzer Stadtteilpark wurde der Uferbereich des Karl-Heine-Kanals mit einem begleitenden Uferweg versehen und im von Fabrikbauten geprägtem Block zwischen Naumburger- und Industriestraße wurde ein öffentlicher Radweg angelegt.

11.3 Stadtentwicklung ohne Entwickler - Pilotprojekt Industriestraße

Neben der Aktivierung von Brachflächen durch Parkanlagen oder temporäres Grün war auch die Implementierung von Stadthäusern (siehe Kapitel 7.2) als weiterer Attraktor für die Gründerzeitquartiere ein strategisches Mittel. Gegenüber des Stadtteilparks wurde 2002 mit der Planung von 15 Stadthäusern zur Schließung des Blockrandes begonnen (siehe Abb. 74). Es war zu diesem Zeitpunkt eines der ersten drei Stadthausprojekte (neben der Stallbaumstraße und Biedermannstraße) in Leipzig. Das Projekt zeichnet sich durch eine enge Zusammenarbeit zwischen den Planungsämtern der Stadt Leipzig, dem Selbstnutzer-Kompetenzzentrum und den

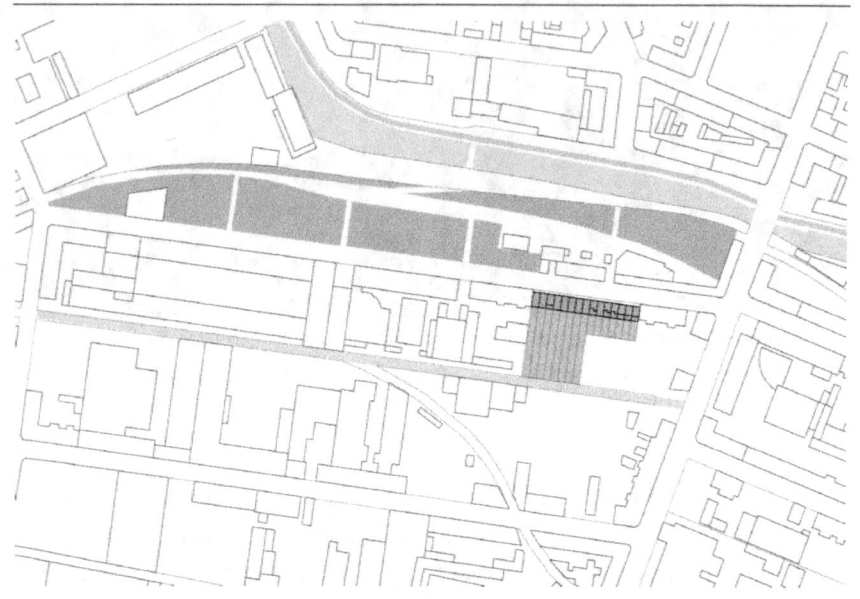

Abb. 75: Wolfgang Tiefensee zum Spatenstich Pilotprojekt Industriestraße (Quelle: Auspurg Borchowitz o.J)

Abb. 76: Straßenansicht Pilotprojekt Industriestraße (Quelle: Deutsches Architekturforum 2008)

Planer im Rahmen der Initiative Selbstnutzer-Programm der Stadt Leipzig" (BDA 2005, S.40) und würdigt damit in erster Linie die mutige Akteurskonstellation aufgrund fehlender Investoren. Gleichzeitig wird auf die städtebauliche und architektonische Qualität der straßenbegleitenden Lückenbebauung hingewiesen.

Tatsächlich fügen sich die Gebäude in ihrer abwechslungsreichen Kubatur, dem leichten Rücksprung zur Nachbarbebauung und der Materialwahl sensibel in das Umfeld ein (siehe Abb.76). Zur Hofseite öffnen sich die Fassaden großzügig und sorgen für eine gute Belichtung der nach hinten ausgerichteten Wohnräume. Zusätzlich sind an drei von vier Geschossen Terrassenbereiche angegliedert. Im Erdgeschoss befindet sich der PKW-Stellplatz, sowie Haustechnik, WC, Waschküche und ein zusätzliches Zimmer zum Garten, das als Arbeitsraum praktikabel erscheint (siehe Abb. 77). Die Treppe ist aufgrund der schmalen Hausbreite seitlich zur Brandwand angeordnet und erschließt im 1. Obergeschoss den großzügigen Wohn- und Essbereich, sowie ein mögliches Schlafzimmer. Im 2.Obergeschoss befinden sich zwei kleinere Einheiten, geeignet für Kinder, sowie ein kompaktes, innenliegendes Badezimmer. Im 3. Obergeschoss befindet sich bei einigen Häusern ein Studiobereich. Im wesentlichen folgt die Architektur des Fallbeispiels der allgemeinen Feststellungen zu den architektonischen Attributen der Leipziger Stadthäuser (Der Blick ins Grüne und die Simulation von Masse, siehe Kapitel 9.3). Die durchschnittliche Wohnfläche pro Stadthaus beträgt 132 Quadratmeter, die Bruttobaukosten beliefen sich auf 883

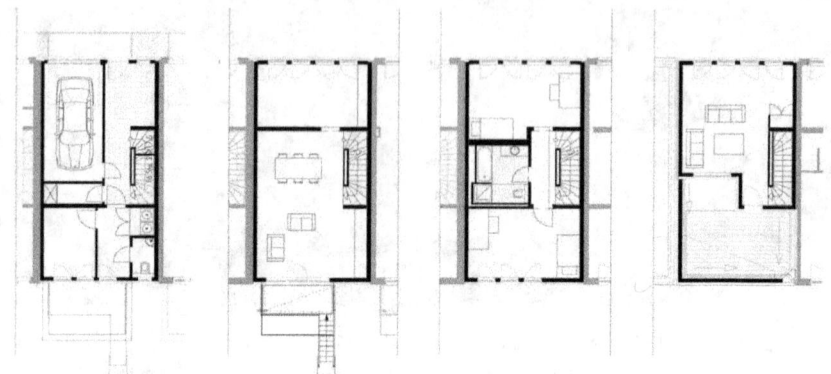

Abb. 77: Typengrundriss Stadthäuser Industriestraße (Quelle: Auspurg Borchowitz o.J)

Euro (vgl. BDA 2005, S.40). Damit haben die Stadthäuser durchschnittlich 116.500 Euro gekostet und sollten inklusive der Grundstückskosten nicht teurer als 180.000 Euro gewesen sein. Aufgrund der kosten- und flächensparenden Bauweise, bei gleichzeitig qualitativen Wohnräumen und gelungener städtebaulicher Integration, stellt das Pilotprojekt an der Industriestraße ein positives Beispiel für Leipziger Stadthäuser dar.

11.4 Vom Lückenfüller zum Immobilientrend – Einstieg des privaten Bauträgers Siewert Hausbau

2004 erwarb die Firma Siewert Hausbau die hofseitig unmittelbar an das Pilotprojekt angrenzenden Grundstücksflächen. Der Bauträger betätigte sich bis dahin ausschließlich im Segment größerer Einfamilienhaussiedlungen im Umland von Leipzig und Halle. Zum Zeitpunkt des Grundstücksankaufs durch Siewert Hausbau waren acht der 15 Häuser des Pilotprojektes an der Industriestraße schon bewohnt, die weiteren sieben Stadthäuser fast fertiggestellt. Eine gewisse Nachfrage war demnach für das Modell Stadthaus schon damals absehbar, da auch die weiteren Pilotprojekte erfolgreich verliefen. Zu den Absichten des Grundstückskaufes äußert sich der Bauträger:

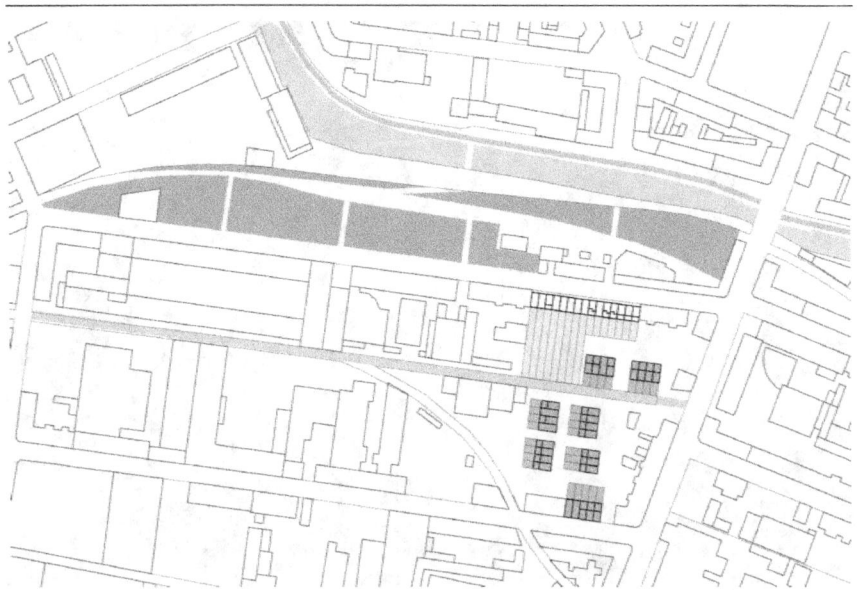

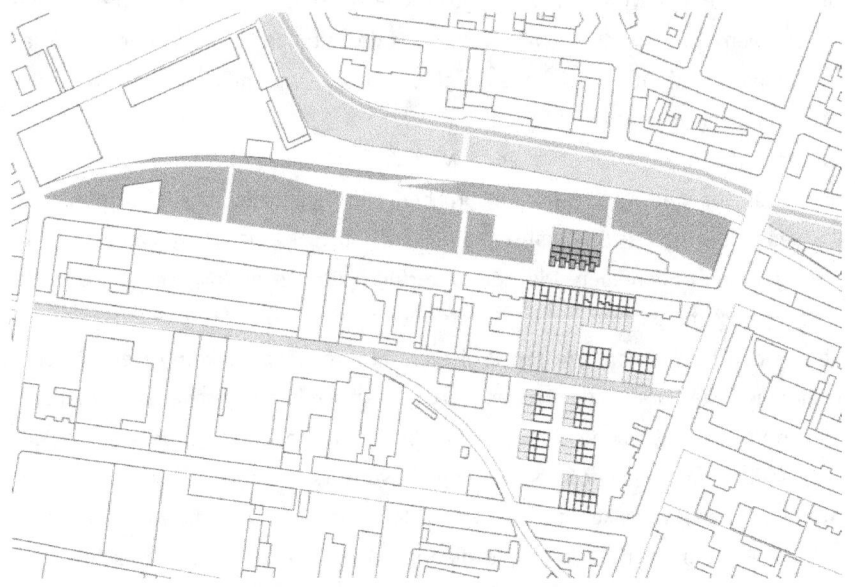

Leerstandes dennoch mit erheblichen Kosten verbunden gewesen. Nachdem die 15 Pilothäuser gegenüber erfolgreich verkauft wurden, entschied sich die LWB zum gleichen Zeitpunkt wie Siewert Hausbau, am Standort Stadthäuser zu errichten. Die Realisierung des Vorhabens benötigte einen längeren Zeitraum als die 28 Stadthäuser im Hof zwischen Industrie- und Naumburger Straße des privaten Bauträgers. Zunächst wurden die Altbauten abgerissen, Kritik dagegen blieb nicht aus. Als kommunale Immobiliengesellschaft der Stadt Leipzig ist die vorrangige Aufgabe der LWB:

„Eine sichere und sozial verantwortbare Wohnungsversorgung breiter Schichten der Bevölkerung zu gewährleisten." (LWB o.J)

Die Exklusivität der Wohnform Stadthaus (siehe Kapitel 8.2) steht im Kontrast zu dieser sozialen Verantwortung. Mit dem Abriss der Altbausubstanz wurde an dieser Stelle eine Wohnform verneint, die auf gleicher Fläche wesentlich mehr Parteien mit Wohnraum hätte versorgen können.

Mit der Sanierung und anschließender Vermietung hätte die LWB ihrer vordergründigen Aufgabe wesentlich mehr entsprochen. Nach Planungen des Büros Atelier ST wurden fünf identische Stadthäuser auf dem Grundstück erbaut und Anfang 2012 an die Eigentümer übergeben. Die Häuser verfügen über zwei Vollgeschosse und ein Halbgeschoss mit anschließender Dachterrasse. Die Baukörper sind, im Vergleich zu den beiden bereits vorgestellten Projekten, in ihrer Kubatur komplexer, einzelne Funktionen wie Garage oder Treppe wurden plastisch herausgeschält. Dadurch entstehen Vor- und Rücksprünge, die Vielfalt beabsichtigen, aufgrund der Reihung der Häuser die Monotonie der Setzung aber eher verstärken. Informationen zur inneren Aufteilung der Häuser konnten nicht ermittelt werden. Insgesamt wirkt die Stadthauszeile, beispielsweise durch die niedrige Gebäudehöhe nicht ausreichend ins Umfeld integriert, insbesondere die Insellage im Plagwitzer Stadtteilpark erscheint dabei unglücklich (siehe Abb. 80 und 81). Auffallend sind die minimal dimensionierten Gartenflächen, die nicht mehr als eine Terrasse fassen. Damit wird ein wichtiger Mehrwert des Stadthauses gegenüber der Geschosswohnung - der eigene Garten - stark vernachlässigt. Dass eine kommunale Wohnungs- und Baugesellschaft ihre Sozialwohnbauten in gewisser Weise gegenfinanzieren muss, steht außer Frage und

Abb. 81: Stadthäuser LWB im Stadtteilpark (Quelle: Deutsches Architekturforum 2012)

Abb. 82: Gesperrter Streetball-Platz, Farbbeutelattacke auf Stadthaus (Quelle: Ziesch o.J.)

sollte angesichts der bereits skizzierten Preisentwicklung von Stadthäusern (siehe Kapitel 11.4) in diesem Fall durchaus erfolgreich gewesen sein. Dennoch stellt das Projekt kein gelungenes Beispiel für die Leipziger Stadthäuser dar, auch im Vergleich zur bereits kritisierten Hofsiedlung des Bauträgers Siewert Hausbau wirkt sich vor allem die Standortentscheidung noch negativer aus. Wie wenig eine private Stadthauszeile und ein öffentlicher Stadtteilpark zusammenpassen, pointiert der Konflikt um einen Streetball-Platz, der sich unmittelbar neben den Häusern befindet.

Aufgrund von Beschwerden der neuen Stadthausbewohner bezüglich der Lautstärke am Sportfeld, wurde die Korbanlage demontiert und der Platz damit stillgelegt (vgl. Ziesch 2012). Darauf hin wurde das Fehlstück mehrfach durch Eigenbauten ersetzt und die Stadthäuser mit Farbbeuteln attackiert (siehe Abb. 82). Der Streetball-Platz soll zukünftig innerhalb des Parks verlegt werden. Die Beschneidung eines durch die Stadt Leipzig erbauten öffentlichen Parks durch eine private Stadthauszeile, wiederum erbaut und mit Gewinnabsicht durch eine Tochtergesellschaft der Stadt Leipzig veräußert, ist ein paradoxer Umstand, der die Grenzen der Stadthausidee in Leipzig aufzeigt.

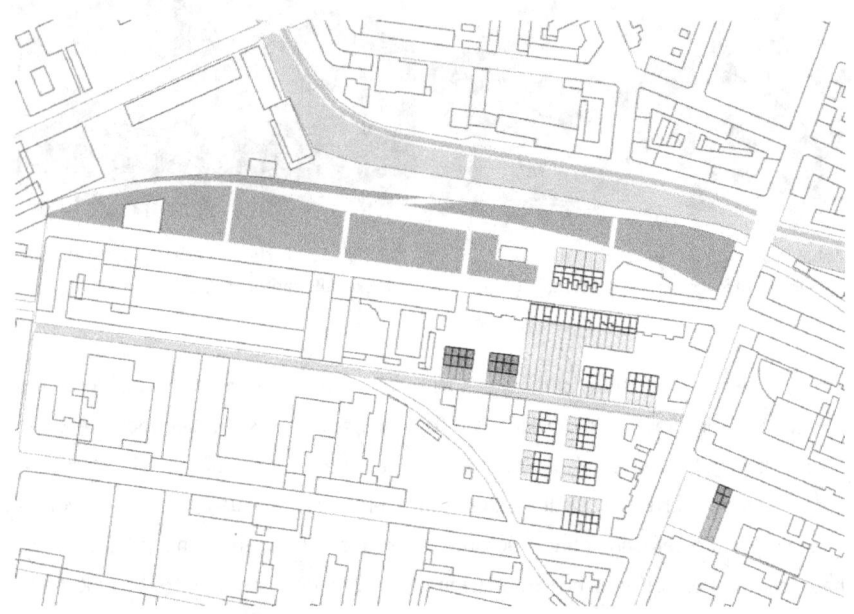

Abb. 84: Stadthäuser Dima Immobilien
(Quelle: Dima Immobilien 2014)

Abb.85: Stadthäuser Augustin+Inkamp und Selbstnutzer in der Eduardstraße 2011-2012
(Quelle: Deutsches Architekturforum 2012)

2014) . Damit hat sich der Preis gegenüber den letzen Verkäufen von Siewert Hausbau (360.000 Euro) wieder gesenkt. Alle acht Stadthäuser orientieren sich mit ihren Wohnräumen, Garten und Terrasse nach Süden, die Funktionsräume folglich, inklusive des separaten Carports, nach Norden. Weitere Informationen zum Grundriss standen nicht zur Verfügung.

Im Zeitraum von 2012 bis 2013 wurden in der Eduardstraße zwei weitere Stadthäuser (siehe Abb. 83 unten rechts) von Augustin + Inkamp Architekten in Zusammenarbeit mit der Selbstnutzer GmbH errichtet. Das Büro hat sich fast ausschließlich auf Stadthausprojekte spezialisiert und agiert dabei in enger Zusammenarbeit mit dem Selbstnutzer-Kompetenzzentrum. Seit dem Ende der Förderung durch die Stadt Leipzig im Jahr 2012 (siehe Kapitel 8.1) hat sich die Rolle der Selbstnutzer GmbH aufgrund der stärkeren Eigenständigkeit gewandelt. Es ist dabei zu beobachten, dass zunehmend der Druck besteht, den Trend der Stadthäuser aufrecht zu erhalten, da das eigene Geschäftsmodell in einem starken Abhängigkeitsverhältnis dazu steht. Deshalb mussten bei Standortentscheidungen und Planungsprozessen auch zum Selbsterhaltungszweck vermehrt Abstriche am Endprodukt gemacht werden. Die Häuser in der Eduardstraße stehen beispielsweise losgelöst und isoliert inmitten eines stark perforierten Umfeldes (siehe Abb.85). Die Entwicklung eines zusammenhängenden städtischen Gefüges wird an diesem Standort noch sehr viel Zeit benötigen. Es zeigt sich abermals der Umstand, dass die Leipziger Stadthäuser teilweise

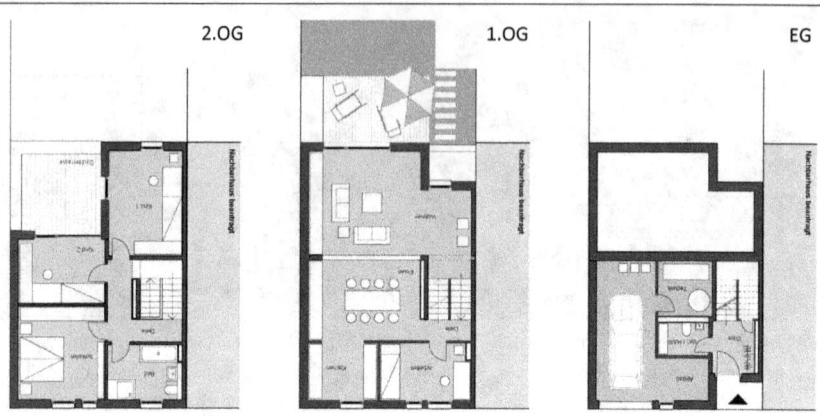

Abb. 86: Grundrisse Stadthaus Eduardstraße, linkes Haus
(Quelle: Augutsin+Inkamp Architekten 2011)

ohne den Blockrand entwickelt werden müssen und dadurch häufig nicht ausreichend integriert wirken.

Wiederum als Standortqualität kann das für Leipzig untypische Geländegefälle bezeichnet werden. Diesen Umstand berücksichtigen die Architekten gekonnt bei der inneren Gebäudeentwicklung. Zwischen Straßenund Gartenseite wird der vorhandene Höhenversatz mit Split-Levels gelöst. Vom Eingangsbereich mit Garage, Haustechnik und Garderobe führt eine Treppe ein Halbgeschoss nach oben zum Wohnbereich mit angrenzendem Garten, von dort aus in umgekehrter Richtung erneut ein Halbgeschoss höher zum Koch- und Essbereich, der durch einer Galerie mit dem Wohnbereich räumlich verbunden ist. Der Wohnbereich erhält dadurch zusätzliche Raumhöhe. Im Obergeschoss befinden sich Bad, Schlafzimmer, Kinderzimmer und Terrasse. Die Stadthäuser in der Eduardstraße verfügen vorallem bezüglich ihres inneren Raumaufbaus über mehr Qualität, als die vorangegangen Beispiele von Siewert Hausbau, Dima Immobilien und der LWB.

im öffentlichen Raum, die maßgeblich zur Konsolidierung des Quartiers beitrugen und die Standortbedingungen für eine erfolgreiche Implementierung von Stadthäusern erst möglich machten. Das 15 Stadthäuser umfassende Pilotprojekt wurde unter intensiver Beteiligung der Stadt Leipzig implementiert - sinnbildlich verkörpert durch die Anwesenheit des damaligen Oberbürgermeisters Wolfgang Tiefensee (vom Magazin Cicero 2009 zum zweitwichtigsten Politiker der neuen Bundesländer hinter Angela Merkel gewählt) zum Baubeginn. Die Zusammenarbeit zwischen den Planungsbehörden der Stadt Leipzig, der Selbstnutzer-Immothek und den Architekten, gewährleistete dabei eine stadträumlich verträgliche, nutzungsangemessene Architektur, die ihrem Ziel einer bezahlbaren Eigentumsbildung für die Mittelschicht nachkam. Die Stadthauszeile in der Industriestraße hat durch ihre qualitative Umsetzung zur weiteren Konsolidierung des Stadtteils beigetragen und bietet ein Vorbild für die bauliche Neukodierung weiterer Brachflächen im Umfeld.

12.2 Wandlung

Nach der Fertigstellung der 15 Häuser des Pilotprojektes sind in der Folge 43 weitere Stadthäuser im unmittelbaren Umfeld entstanden. Die Identität hat sich dadurch im Areal der Fallstudie innerhalb von nur 10 Jahren erheblich gewandelt. Sowohl die räumlichen Veränderungen aufgrund der neuen baulichen Kleinteiligkeit und der plötzlich im Stadtraum verankerten privaten Gartenflächen, als auch der soziale Wandel eines von der Miete geprägten Arbeiterwohnquartiers hin zur privaten Eigenheimsiedlung, sind enorm. Die Fallstudie beweist die Aufweichung der Siedlungsformen von Stadt und Land und somit die von der Nuissl und Rink vermutete „Vervorstädterung der Stadt" (siehe Kapitel 7). Diese Umkehr des Urban Sprawl ist dem Einstieg privater Bauträger in den „Immobilientrend Stadthaus" geschuldet und wäre bei einer stärkeren Kontrolle durch die Genehmigungsbehörden steuerbar gewesen. Zu groß scheint die Dankbarkeit über die ersehnte Investitionsbereitschaft am Standort gewesen zu sein, zu hoch das Risiko, jene Bauträger mit Auflagen zu verschrecken. Wie lukrativ die Investitionen letztendlich waren, beweist die aufgezeigte Preisentwicklung (Pilotprojekt 180.000 Euro, Siewert Hausbau 350.000 Euro) - eine

13. Schlussfolgerung

Zunächst wurden Antworten auf die historische Herkunft, Identität und Funktion moderner Stadthäuser gegeben. Dabei wurde festgestellt, dass unterschiedliche typologische Verwandtschaften benannt werden müssen. Die mittelalterlichen Bürgerhäuser der europäischen Stadtgründungen im 11. Jahrhundert können dabei als Urform heutiger, moderner Stadthäuser bezeichnet werden. Diese Bürgerhäuser brachten eine Familie samt Erwerbsstube und Bedienstete unter und hatten in ihrer Schichtung - vom Keller zum Dach und von der Straße zum Hof - sowohl herrschaftlichen Schmuck, als auch funktionale Nüchternheit zu berücksichtigen. Mit dem Terrace House entstand während der Industrialisierung im 18. Jahrhundert in England ein weiterer typologischer Verwandter heutiger Stadthäuser. Von England aus breitete sich der neue Typus im gesamten angelsächsischen Raum aus. Die zunächst herrschaftliche innerstädtische Reihenhausform, erlebte bedingt durch die sinkenden Lebensqualität innerhalb der Städte, einen Mentalitätswandel - das Terrace House wurde mehr und mehr zu einem Instrument rationaler Stadterweiterungen und einfachster Daseinsversorgung für die Arbeiterschaft. Mit der Idee der Gartenstadt Anfang des 19. Jahrhunderts entfernte sich das Reihenhaus von der Stadt in die Vorstadt. Mit der Gartenstadt erhielt der Typus des Reihenhauses auch wieder in Deutschland Einkehr. Mit den Werkssiedlungen industrieller Großbetriebe, wie beispielsweise der Firma Krupp, entstand in Deutschland im Zusammenhang mit der Gartenstadtidee ein weiterer typologischer Verwandter heutiger Stadthäuser. Nach dem zweiten Weltkrieg wurden innerstädtische Reihenhaustypen zum Instrumentarium des deutschen Wiederaufbaus. Nach der Wiedervereinigung zeigt sich im Kontext historischer Transformation in Berlin mit den sogenannten Town Houses ein vergleichbarer Immobilientrend zu den Leipziger Stadthäusern. Die typologische Untersuchung zeigte, dass heutige Stadthäuser einen langen und vielschichtigen historischen Vorlauf haben, ihre Identität variabel ist und es sich deshalb auch um einen vielfältig einsetzbaren Stadtbaustein handelt. Es wurde deutlich, dass sich die Thematik der Stadthäuser nicht nur auf Leipzig beschränken lässt.

Leipzigs Stadthäuser – Porträt einer Zwischenlösung

Der zweite Teil des Porträts verknüpfte den Typus Stadthaus mit der Stadt Leipzig und gab Antworten auf die gesamtstädtische Funktion und Dimension von Stadthäusern in der Leipziger Stadtentwicklung. Die Untersuchung der Funktion zeigte auf, dass Stadthäuser in Leipzig als Strategie der Stadterneuerung nach dem Prinzip „Stadtentwicklung ohne Entwickler" aus der Leipziger Planungspolitik hervorgegangen sind. Als Reaktion auf die enorme Suburbanisierung und fehlende Konkurrenzfähigkeit gegenüber dem Stadtumland, gab die Stadt die Brachflächen der Altbauquartiere für den Bau von innerstädtischen Eigenheimen frei und entwickelte zunächst selbst drei Pilotprojekte, um den neuen Typus in der Stadt zu erproben. Neben der Förderung junger Familien bei der Vergabe städtischer Grundstücke, wurden mit dem Selbstnutzer-Prinzip und der Baugesuchskonferenz innovative Förderkonzepte entwickelt, die den Bauherren anstatt monetärer Unterstützung, durch Mediation, Beratung und Abbau bürokratischer Hürden zur Seite standen. Die Absicht der Leipziger Stadtentwickler war es dabei nicht die Suburbanisierung zu stoppen, sondern unter dem Motto „Leben einhauchen", die Lebensqualität und Investitionsbereitschaft in den Altbauquartieren zu erhöhen. Die erhoffte Konsolidierung der Altbauquartiere ist mehrheitlich eingetreten, wie hoch der Anteil der Stadthäuser daran letztendlich einzuschätzen ist, lässt sich nicht abschließend feststellen.

Die Betrachtung der sozialen Dimension zeigte, dass sich die Akteurskonstellation auch auf Bestreben der Stadt Leipzig hin, die Rolle des Entwicklers wieder abzugeben, in Richtung privater Investoren verschob. Aus einem städtisch geförderten „Lückenfüller" entwickelte sich in der Folge ein Immobilientrend und damit auch ein beliebtes Lebensmodell. Bauträger übernehmen den Markt, was der architektonischen Ausführung, aber nicht der Nachfrage, schadete. Das Bedürfnis in einem Stadthaus zu wohnen beruht auf der anhaltenden „Renaissance der Stadt" in Zeiten der Individualgesellschaft. Gegen die Werte des Lebensmodells sind in Leipzig wiederholt Proteste durch Sachbeschädigungen zum Ausdruck gebracht worden. Protestbürger zeigen damit ihre Angst vor Aufwertungsprozessen.

Die räumliche Dimension von Stadthäusern ist in Leipzig, im Kontext der allgemeinen Neubautätigkeit, als beträchtlich einzuschätzen. In den vergangen zehn Jahren sind in der inneren Stadt über 450 Stadthäuser entstanden. Bei der Verteilung wird deutlich, dass diese sich mehrheitlich zum Auwaldgebiet orientieren und sich auf vier wesentliche Bereiche konzentrieren. Die hohe Anzahl und auch die Konzentration der Häuser ist der gleichsam hohen und in bestimmten Bereichen stark konzentrierten Perforation Leipzigs geschuldet. Dabei zeigt sich ein Spannungsverhältnis zwischen der Kleinmaßstäblichkeit der Häuser und der Größe der zu füllenden Lücken im Stadtkörper. Oft müssen die Stadthäuser außerhalb der Logik des Blockrandes funktionieren, daher reicht die städtebauliche Varianz der Leipziger Stadthäuser vom freistehenden Kleinhaus, über die Reihung im Blockrand, bis zur Fügung von Einzelhäusern zu einem eigenständigen Großhaus. Es ist räumlich dabei stets der Widerspruch zwischen Klein -und Großhaus zu spüren – mancherorts verkörpert dieser Widerspruch Aldo Rossis stadtprägenden „Mix der Typen", vielerorts jedoch überwiegt der Eindruck einer verfehlten Maßstäblichkeit und deplazierten Materialität und architektonischen Ausführung.

Der dritte Teil des Porträts lieferte durch eine räumlich eingegrenzte Fallstudie gezielte Erkenntnisse über die Wandlung - vom Lückenfüller zum Immobilientrend - eines bestimmten Areals. Die Fallstudie in der Plagwitzer Industriestraße zeigte auf, dass die Implementierung des dortigen Pilotprojektes mit einem erheblichen Vorlauf an Fördermaßnahmen im öffentlichen Raum verbunden war. Das 15 Stadthäuser umfassende Pilotprojekt wurde unter großem Aufwand und Fürsorge implementiert und kann aus städtebaulicher und architektonischer Perspektive als gelungenes Beispiel für Leipziger Stadthäuser bezeichnet werden. Auch die Verkaufspreise gewährleisteten eine bezahlbare Eigentumsbildung für die Mittelschicht.
In der Folge des Pilotprojektes entstanden durch private Bauträger weitere 43 Stadthäuser in unmittelbarer Umgebung. Diese Entwicklung verdeutlicht das Ausmaß des Immobilientrends der Leipziger Stadthäuser. Dadurch vollzog das vormals von Miete geprägte Arbeiterquartier eine enorme soziale Wandlung, hin zur privatisierten Eigenheimsiedlung. Die Fallstudie beweist die „Vervorstädterung der Stadt" und damit die umgekehrte Aufweichung der Grenzen zwischen Stadt und Land. Die architektonische und städtebauliche Qualität der Folgeprojekte kann nicht überzeugen, die Entwicklung der Marktpreise war wiederum beachtlich. Während die 15 Stadthäuser des Pilotprojektes inklusive Grundstück durchschnittlich für 180.000 Euro verkauft wurden, konnten die Bauträger bei den Folgeprojekten die Verkaufsprei-

se nahezu verdoppeln. Dabei wird auch deutlich, dass der Entwicklung, seitens der Leipziger Genehmigungsbehördern, zu wenig Beachtung geschenkt wurde. Auch die Leipziger Wohnungs- und Baugesellschaft (gemeinnützige Tochtergesellschaft der Stadt Leipzig) beteiligte sich an der von Pragmatismus geprägten Entwicklung mit dem Bau von fünf Stadthäusern innerhalb des angrenzenden Stadtteilparks. Ein vormals dort mit öffentlichen Geldern finanzierter Streetball-Platz musste den Stadthäusern weichen. Die Fallstudie zeichnete ein Bild davon, welchen sozialen und räumlichen Wandel die Stadthäuser in bestimmten Bereichen der Stadt verursachten.

Die Arbeit leistet durch die Erkenntnisse in den unterschiedlichen Maßstabsebenen einen vielschichtigen Überblick über die Thematik der Leipziger Stadthäuser. Das Porträt bewegte sich dabei in unterschiedlichen Forschungsbereichen wie der Bau- und Planungsgeschichte, Stadtplanung, Stadtforschung, Städtebau oder Architektur. Deshalb war es der Arbeit nicht möglich, die gezielte Nähe zu einer Forschungsfrage aufzubauen, vielmehr vermittelt sie zwischen verschiedenen Forschungsfeldern. Zur Zukunft der Leipziger Stadthäuser wurde bereits eine zunehmende Konkurrenzsituation zum Geschosswohnungsbau erwähnt. Die Führung der Leipziger Stadtplanung sieht keine Zukunft mehr für Stadthäuser in Leipzig:

„Plötzlich war das Thema, wo gibt's noch Standorte, also Flächen für Stadthäuser. [...] Der Trend [Stadthäuser] war auf alle Fälle da und er ist jetzt vorbei, aber wahrscheinlich nicht nur weil keiner mehr Stadthäuser bauen will, sondern weil es einfach nicht mehr die Flächen dafür gibt. [...] Da wird es schon schwierig, Standorte zu finden wo man sagt, das ist nach wie vor gut. Wir sind ja auch nicht immer gelobt worden für die Stadthäuser. Sondern Westdeutsche Architekten und Planer fanden das schon teilweise fragwürdig, neben Gründerzeithäuser mit Mühe und Not auf halbherzige, auf drei Geschosse gezogene Stadthäuser zu setzen. Ich glaube die Zeit ist vorbei, dass man sowas jetzt noch macht." (Wölpert 2014, 01:15)

Dieses Porträt verabschiedet damit einen paradoxen und gleichzeitig leistungsfähigen Stadtbaustein, der aufgrund der dargelegten Entwicklungen eine schwierige Zukunft in Leipzig hat. Die Leipziger Stadthäuser waren eine zeitlich begrenzte „Zwischenlösung" in einer Übergangsphase der Stadtentwicklung.

Anhang

Interviewquellen

Ginzel, Beate (2014): Experteninterview vom 14.11.2014. Audiodatei. Abteilungsleiterin Stadtumbau und Stadtentwicklungskonzept, Amt für Stadterneuerung und Wohnungsbauförderung Stadt Leipzig.

Siewert, Thomas (2014): Experteninterview vom 28.10.2014. Audiodatei. Inhaber Siewert Hausbau GmbH.

Wolf, Ingo Andreas (2014): Experteninterview vom 19.11.2014. Audiodatei. Professor für Städtebau und Entwurf, Hochschule für Technik, Wirtschaft und Kultur Leipzig.

Wölpert, Reinhard (2014): Experteninterview vom 12.11.2014. Audiodatei. Stellvertretender Amtsleiter Stadtplanungsamt Leipzig

Interviewpartner

Dr. Beate Ginzel, Amt für Stadterneuerung und Wohnungsbauförderung
Als Leiterin der Abteilung für Stadtentwicklungskonzeption und Stadtumbau ist sie maßgeblich an der Umsetzung und Weiterentwicklung des Stadtentwicklungskonzeptes 2020 (SEKO) beteiligt. Dieses Konzept bildet die wesentliche Grundlage für die Leipziger Stadtentwicklungspolitik. Ihr Schwerpunkt der Wohnungsbauförderung, sowie ihre vorherige Tätigkeit als Wissenschaftlerin an der Universität Leipzig, waren im Kontext der Forschungsarbeit besonders hilfreich.

Heiko Mühle, Inhaber Architekturbüro Mühle
Heiko Mühle ist Inhaber eines vergleichsweise kleinen Architekturbüros, dass vorrangig im Wohnungsbau individuelle Planungsaufgaben betreut. In Konkurrenz zu

den großen Bauträgern hat er 10 Stadthäuser in Leipzig geplant und bewohnt selbst eines davon.

Dr. Thomas Siewert, Inhaber Siewert Hausbau GmbH
Die Siewert Hausbau GmbH plant und realisiert Wohngebiete in denen schlüsselfertige Einfamilien- und Doppelhäuser inklusive Grundstück angeboten werden. In dieser klassischen Rolle des Bauträgers hat die Siewert Hausbau seit 2008 über 40 Stadthäuser in Leipzig gebaut. Ein Großteil der Häuser wurden dabei im Areal, der in dieser Arbeit vorgenommenen Fallstudie, in der Industriestraße errichtet.

Andreas Wolf, Professor für Städtebau und Entwurf, HTWK Leipzig Fachbereich Architektur
In seiner Tätigkeit als Professor für Städtebau und Entwurf seit 1992 kennt er den Planungsdiskurs zum Thema Stadthäuser von Beginn an und hat ihn beispielsweise durch seine Teilnahme am Gutachterverfahren zum Stadtplatz Gohlis 1999 selbst gestalterisch mitgeprägt. Mehrere Planer von Stadthäusern haben zuvor bei ihm studiert. Er bewohnt seit 2003 ein selbstgeplantes Stadthaus, dass als sehr frühes Beispiel dieses Typus in Leipzig gilt.

Reinhard Wölpert, stellvertretender Leiter Stadtplanungsamt Leipzig
In seiner führenden Position innerhalb der Leipziger Stadtentwicklungspolitik verfügt Herr Wölpert über umfassende Kenntnisse zu den Prozessen innerhalb der städtischen Planungsbehörden. Als Leiter der Abteilung für generelle Planung und Projekte war er zudem für die Publikation „Beiträge zur Stadtentwicklung Nr.51 - Stadthäuser in Leipzig" (vgl. Stadt Leipzig 2011) verantwortlich, die eine Basis für diese Arbeit bildete.

Literaturverzeichnis

Bodenschatz, Harald (2007): Berlin Friedrichswerder, Town Houses - urban wohnen in der Mitte. In: Tillmann, Harlander (Hrsg.): Stadtwohnen: Geschichte-Städtebau-

Perspektiven. München:Wüstenrot Stiftung und Ludwigsburg Deutsche Verlagsanstalt.

BDA, Bund Deutscher Architekten (2005): Deutscher Bauherrenpreis 2006. URL: http://web.gdw.de/uploads/pdf/doku_bhp/archiv/Dok_BHP_Neubau_2006.pdf – Zugriff am 26.01.2015

Brendgens, Guido (2007): Der neue urbane Trend Townhouse – Ein taugliches Instrument zur Reurbanisierung? In: Hahn, Achim (Hrsg.): Ausdruck und Gebrauch – Dresdner wissenschaftliche Halbjahreshefte für Architektur, Wohnen , Umwelt. Aachen: Shaker Verlag.

BUMB, Bundesministeriums für Umwelt, Naturschutz, Bau und Reaktorsicherheit (o.J): Industriestraße Leipzig Plagwitz. URL: http://www.staedtebaufoerderung.info/StBauF/DE/Programm/SanierungsUndEntwicklungsmassnahmen/Praxis/Einzelmassnahmen/Leipzig_Plagwitz/leipzig_node.html – Zugriff am 26.01.2015

Budde, Nine / Burghardt, Robert / Nedo, Kito (2010): Von der IBA zum Townhouse. In: Brandlhuber, Arno / Linden, Silvan (Hrsg.): Disko 19 – Townhouses. URL: http://a42.org/fileadmin/_img/disko/disko_19.pdf – Zugriff am 03.02.2015

Dima Immobilien (2014): Ihre letzte Chance – Stadthaus in Plagwitz. URL: http://dima-immobilien.de/tag/stadthaus-leipzig/ - Zugriff am 22.01.2015

Dubrau, Dorothee (2015): Interview des Monats „Wir müssen ankurbeln". In: Kreuzer Leipzig Jg. 2015, Heft 1, S.22-24.

Funk, Anne / Kaden, Dirk (2012): Stadthausquartier Lützowstraße. URL:http://f-iba.de/stadthausquartier-luetzowstrasse/ – Zugriff am 16.11.2014

Häußermann, Hartmut / Siebel, Walter (1987): Neue Urbanität. Frankfurt am Main: Suhrkamp Verlag.

Haase, Annegret / Kabisch, Sigrun / Steinführer Annett (2009): Leipzig - Reurbanisierungsprozesse zwischen Planung und Realität. In: Kühn, Manfred / Liebmann, Heike (Hrsg.): Regenerierung der Städte - Strategien der Politik und Planung im Schrumpfungskontext. Wiesbaden: VS Verlag für Sozialwissenschaften, GWV Fachverlage GmbH.

Heck, Astrid (2005): Mehr Qualität durch weniger Häuser. In: Schmidt, Helga; Mayer, Gudrun / Wiktorin, Dorothea / Tzschaschel, Sabine / Blenck, Jürgen (Hrsg.): Der Leipzig Atlas. Köln: Hermann-Josef Emons Verlag.

Hock, Sabine (2009): Postmoderne – Vielfalt der Achtzigerjahre. URL: http://www.sabinehock.de/publikationen/tagespresse/archiv/tagespresse_166.htm l – Zugriff am 16.11.2014

Holl, Christian (2007): Berlin, Stadthäuser an der Lützowstraße. In: Tillmann, Harlander (Hrsg.): Stadtwohnen: Geschichte-Städtebau-Perspektiven. München: Wüstenrot Stiftung und Ludwigsburg Deutsche Verlagsanstalt.

Holl, Christian / Jessen, Johann (2007): Aufwertung des innerstädtischen Wohnens seit den 1970er Jahren. In: Tillmann, Harlander (Hrsg.): Stadtwohnen: Geschichte-Städtebau-Perspektiven. München: Wüstenrot Stiftung und Ludwigsburg Deutsche Verlagsanstalt.

Kuhn, Gerd (2007): Leipzig, Stadthäuser in Connewitz – Quartiersentwicklung ohne Entwickler: Das Modell Selbstnutzer. In: Tilman, Harlander (Hrsg.): Stadtwohnen: Geschichte-Städtebau-Perspektiven. München: Wüstenrot Stiftung und Ludwigsburg Deutsche Verlagsanstalt.

Kunz, Wolfgang (2011): Stadthäuser in Leipzig aus Sicht der Stadtplanung. In: Stadt Leipzig, Dezernat Stadtentwicklung und Bau (Hrsg.): Blaue Reihe - Beiträge zur Stadtentwicklung 51: Stadthäuser in Leipzig.

Leipzig Lexikon (o.J.): Das Stadt-Umland-Gesetz. URL: http://www.leipzig-lexikon.de/VERWALT/sug.htm – Zugriff am 02.01.2015

Lichtenberger, Elisabeth (2011): Die Stadt – Von der Polis zur Metropolis. 2., unveränderte Auflage. Darmstadt: Primus Verlag.

Lütke-Daldrup, Engelbert (1999): Geleitwort zu Leipzig im Umbruch. In: Schuhmann, Ralf (Hrsg.): Leipzig im Umbruch. Amsterdam: Verlag der Kunst.

LWB, Leipziger Wohnungs-und Baugesellschaft mbH (o.J): Leipziger Wohnungs-und Baugesellschaft mbH (LWB). Letzte Aktualisierung: 05.12.2013. URL: http://www.lwb.de/unternehmen/die-lwb/zahlen-und-fakten/zahlen-fakten-detailansicht/6,1,YTo1OntzOjc6ImNvbW1hbmQiO3M6MTA6InNob3dEZXRhaWwiO3M6NjoiZW50aXR5IjtzOjQ6IjEzMDUiO3M6OToibGFuZF9pc2FxN0IjtzOjg6InNob3dMaXN0IjtzOjE2OiJsYXN0X2xpc3RfcGFnZSI7czQiO2I6MDoicmVmVkaXJlY3QiO2I2MTt9 – Zugriff am 28.01.2015

Nuissl, Henning / Rink, Dieter (2004): Sprawl und Schrumpfung: Das Beispiel Leipzig. In: Nuissl, Henning / Rink, Dieter (Hrsg.): UFZ- Diskussionspapiere, Schrumpfung und Urban Sprawl, Analytische und Planerische Problemstellungen. URL: http://www.pik-potsdam.de/~luedeke/leipzigp.pdf – Zugriff am 03.01.2015

Sewing, Werner (2003): Bildregie – Architektur zwischen Retrodesign und Eventkultur. Basel: Birkhäuser Verlag.

Sewing, Werner (2008): Individuum in Serie – das Reihenhaus als gebaute Paradoxie der Moderne. In: Arnold, Daniel (Hrsg.): In deutschen Reihenhäusern. München: Callwey Verlag.

Sieverts, Thomas (2001): Zwischenstadt - Zwischen Ort und Welt, Raum und Zeit, Stadt und Land. 3.,verbal und um ein Nachwort ergänzte Auflage. Berlin: Birkhäuser Verlag.

Schirmer, Hans-Gerd (2011): Stadthäuser in Leipzig aus der Sicht der Bauordnung. In: Stadt Leipzig, Dezernat Stadtentwicklung und Bau (Hrsg.): Blaue Reihe - Beiträge zur Stadtentwicklung 51: Stadthäuser in Leipzig.

Senatsverwaltung Berlin (2014): Senatsverwaltung für Stadtentwicklung und Umwelt – Leitung und Organistaion – Senatsbaudirektoren - Engelbert Lütke Daldrup. URL: http://www.stadtentwicklung.berlin.de/service/de/luetke_daldrup.shtml – Zugriff am 29.12.2014

Stadt Leipzig, Dezernat Planung und Bau (1999): Blaue Reihe -Beiträge zur Stadtentwicklung 27: Gutachterverfahren Stadtplatz Gohlis und Umfeld.

Stadt Leipzig, Dezernat Planung und Bau (2000): Blaue Reihe -Beiträge zur Stadtentwicklung 30: Stadtentwicklungsplan Wohnungsbau und Stadterneuerung.

Stadt Leipzig, Dezernat Stadtentwicklung und Bau (2003): Blaue Reihe -Beiträge zur Stadtentwicklung 37: Stadthäuser in Leipzig – Standorte für den Neubau von Stadthäusern.

Stadt Leipzig, Dezernat Stadtentwicklung und Bau (2004): Blaue Reihe -Beiträge zur Stadtentwicklung 42: Bericht zur Stadtentwicklung in Leipzig 2004.

Stadt Leipzig, Dezernat Stadtentwicklung und Bau (2011): Blaue Reihe -Beiträge zur Stadtentwicklung 51: Stadthäuser in Leipzig.

Stadt Leipzig, Amt für Stadterneuerung und Wohnungsbauförderung, Amt für Statistik und Wahlen (2011a): Fördergebietskatalog 05/11. URL: http://www.leipzig.de/fileadmin/mediendatenbank/leipzig-de/Stadt/02.1_Dez1_Allgemeine_Verwaltung/12_Statistik_und_Wahlen/Statistik/Foerdergebietskatalog_2011-13.Pdf – Zugriff am 06.01.2015.

Ziesch, Conrad (2012): Spiel auf Zeit. In: Crossover - Das Basketball-Portal. Letzte Aktualisierung: 04.10.2012. URL: http://crossover-online.de/culture/spiel-auf-zeitcrossover-local-leipzig/ – Zugriff am 28.01.2015

Abbildungsverzeichnis

Abb. 1: „Urban Villa" Maison Pont, Semesterentwurf UDK Berlin. Quelle: Rosteck, Nils (2008). In: Universität der Künste Berlin, Studiengang Architektur (Hrsg.): Protocol 4 - Urban Villa.

Abb. 2: Bürgerhäuser Regensburg 13-15 Jh. Quelle: Vetter, Andreas (2008) : Townhouses. München: Callwey Verlag.

Abb. 3: Lucca, Piazza dell' Anfiteatro. Quelle: Pedrazzi, Claudio (2007) .URL: http://www.panoramio.com/photo/3384836 – Zugriff am 21.11.2014

Abb. 4: Stadthäuser Elsterstraße Leipzig. Quelle: Klindtworth, Martin (2011). In: Stadt Leipzig, Dezernat Stadtentwicklung und Bau (Hrsg.): Blaue Reihe - Beiträge zur Stadtentwicklung 51: Stadthäuser in Leipzig.

Abb. 5: Edinburgh New Town, Coates Gardens, Terraced Houses. Quelle: norpro (2008). URL: http://static.panoramio.com/photos/large/14295353.jpg - Zugriff am 20.11.2014

Leipzigs Stadthäuser – Porträt einer Zwischenlösung 115

Abb. 6: Adelphi Terrace, London circa 1780. Quelle: british-history.ac.uk (o.J). URL: http://www.british-history.ac.uk/image.aspx?compid=68358&filename=figure0750-070.gif&pubid=750 – Zugriff am 21.11.2014

Abb. 7: Berlin Terrace. Quelle: PhotoWareHouse (o.J.). URL: http://www.stadtentwicklung.berlin.de/bauen/entwicklungsgebiete/pix/rummelsburg/05_P10_Rummelsburger_800px.jpg – Zugriff am 12.12.2014

Abb. 8: Baltimore Row Houses 1914. Quelle:Kilduffs (2002). URL: http://www.kilduffs.com/Homes_5_Construction_1914_rowhouses_BaltimoreMd_photo.jpg - Zugriff am 20.11.2014

Abb. 9: Letchworth, Gartenstadt nach Howards Prinzip. Quelle: Scod Public Blog (2011). URL: http://scodpub.files.wordpress.com/2011/03/letchworth.jpg – Zugriff am 22.11.2014

Abb. 10: Leipzig, Gartenstadt Marienbrunn, Postkarte 1912. Quelle: Apotheke Marienbrunn (2013). URL: http://www.apotheke-marienbrunn.de/images/marienbrunn/Plan_Marienbrunn_1912.jpg – Zugriff am 22.11.2014

Abb. 11: Reihenhäuser Marienbrunn. Quelle MDM Mitteldeutsche Medienförderung (o. J.). URL: http://www.mdm-online.de/fileadmin/_locationguide/bv15/i15787.jpg – Zugriff am 22.11.2014

Abb. 12: Reihenhauszeile Parkhausdach Karlsruhe. Quelle: Microsoft Cooperation (o.J): Bing Karten: Markgrafenstraße, 76131 Karlsruhe. URL: http://www.bing.com/maps/default.aspx?q=margrafenstraße+%2c+karlsruhe&mkt=de&FORM=HDRSC4#Y3A9NTAuMTY5MTYzfjEwLjM5ODg0MSZsdmw9NyZzdHk9cg== - Zugriff am 16.11.2014

Abb. 13: Karlsruhe, Modellhäuser des Werkbundes, Fassadenabwicklung. Quelle: Stadt Karlsruhe, Koordinierungsstelle Stadtsanierung: Altstadtsanierung „Dörfle", 1954-1994. Karlsruhe 1995.

Abb. 14: Stadthäuser Frankfurt Saalgasse. Quelle: folly (o.J.): Saalgasse, Frankfurt, Germany. URL: http://static.panoramio.com/photos/original/39573151.jpg - Zugriff am 18.11.2014

Abb. 15: Atriumhäuser Kochstraße / Friedrichstraße Berlin, Wettbewerbsentwurf OMA 1980. Quelle: Office for Metropolitan Architecture (1980). URL: http://oma.nl/projects/1980/kochstrasse-friedrichstrasse-housing/ - Zugriff am 19.11.2014

Abb. 16: Stadthäuser Lützowstraße Berlin, Zustand 2012. Quelle: Kaden, Dirk (2012). URL:http://f-iba.de/wp-content/uploads/11Farbe_Stadthaeuser_GasseA_2012-03_FotoDirkKaden-550x412.jpg - Zugriff am 17.11.2014

Abb. 17: Historische Mitte im Planwerk Innenstadt Berlin, Planungsstand 1999. Quelle: Planwerk Innenstadt Berlin (1999): URL: http://www.stadtentwicklung.berlin.de/planen/planwerke/pix/innere_stadt/raeumliche_schwerpunkte/historische_mitte/ausschn_mitte1999.jpg – Zugriff am 12.12.2014

Abb. 18: Friedrichswerder, historische Stadtansicht 1688. Quelle: Schulz, Johann Bernhard (1688). URL: http://upload.wikimedia.org/wikipedia/de/d/d0/Friedrichw_Rathaus_1688_%28Schultz%29-koloriert.jpg – Zugriff am 13.12.2014

Abb. 19: Parzellenplan Townhouses Friedrichswerder 2004. Quelle: Senatsverwaltung für Stadtentwicklung Berlin (o.J). In: Tillmann, Harlander (Hrsg.): Stadtwohnen: Geschichte-Städtebau-Perspektiven. München: Wüstenrot Stiftung und Ludwigsburg Deutsche Verlagsanstalt.

Abb. 20: Townhouses Friedrichswerder 2007. Quelle: Timo (2010). URL: http://4.bp.blogspot.com/_bfks7hr26tk/TK38Q5hDZHI/AAAAAAAAKo/iuzy219HkyE /s1600/Berlin_Townhouses_1.jpg – Zugriff am 13.12.2014

Abb. 21: „Leipzig im Umbruch" Eisenbahnstraße / Lutherstraße Leipzig 1999. Quelle: Schumann, Ralf (1999). In: Ralf Schuhmann (Hrsg.): Leipzig im Umbruch. Verlag der Kunst.

Abb. 22: Zustand Wohnungsbestand 1990 in Wohneinheiten. Quelle: Fenzlein, Henry (2014). Eigene Darstellung. - Grundlagendaten: Stadt Leipzig, Dezernat Stadtentwicklung und Bau (2000): Blaue Reihe -Beiträge zur Stadtentwicklung 30: Stadtentwicklungsplan Wohnungsbau und Stadterneuerung.

Abb. 23: Stadtstruktur von Leipzig in der DDR. Quelle: UFZ Helmholz Zentrum für Umweltforschung (2004): UFZ- Diskussionspapiere, Schrumpfung und Urban Sprawl, Analytische und Planerische Problemstellungen. URL: http://www.pik-potsdam.de/~luedeke/leipzigp.pdf – Zugriff am 03.01.2015

Abb. 24: Veränderung der Stadtstruktur von Leipzig durch Schrumpfung und Sprawl nach der Wiedervereinigung. Quelle: UFZ Helmholz Zentrum für Umweltforschung (2004): UFZ- Diskussionspapiere, Schrumpfung und Urban Sprawl, Analytische und Planerische Problemstellungen. URL: http://www.pik-potsdam.de/~luedeke/leipzigp.pdf – Zugriff am 03.01.2015

Abb. 25: Förder- und Sanierungsgebiete der Stadt Leipzig 1999. Quelle: Stadt Leipzig, Dezernat Stadtentwicklung und Bau (2000): Blaue Reihe -Beiträge zur Stadtentwicklung 30: Stadtentwicklungsplan Wohnungsbau und Stadterneuerung.

Abb. 26: Bevölkerungsentwicklung Leipzig 1933-2008. Quelle: UFZ Helmholz Zentrum für Umweltforschung (2011): UFZ Report 01/2011, Urban Shrinkage in Leipzig.

URL: https://www.ufz.de/export/data/global/29220_ufz_report_1_2011_leipzig.pdf
– Zugriff am 30.12.2014

Abb. 27: Abwanderung aus Leipzig nach Regionen 1991- 2008. Quelle: UFZ Helmholz Zentrum für Umweltforschung (2011): UFZ Report 01/2011, Urban Shrinkage in Leipzig. URL: https://www.ufz.de/export/data/global/29220_ufz_report_1_2011_leipzig.pdf – Zugriff am 30.12.2014

Abb. 28: Suburbia Leipzig-Lindenthal. Quelle: Stadt Leipzig, Dezernat Planung und Bau (2000): Blaue Reihe -Beiträge zur Stadtentwicklung 30: Stadtentwicklungsplan Wohnungsbau und Stadterneuerung.

Abb. 29: „Der Klassiker" Werbeprospekt für preiswerte Einfamilienhäuser im Leipziger Umland. Quelle: Stadt Leipzig, Dezernat Planung und Bau (2000): Blaue Reihe - Beiträge zur Stadtentwicklung 30: Stadtentwicklungsplan Wohnungsbau und Stadterneuerung.

Abb. 30: Bodenwertentwicklung 1992-2003 für ausgewählte Bereiche der Stadt Leipzig. Quelle: Kredt, Matthias (2005). In: Schmidt, Helga; Mayer, Gudrun; Wiktorin, Dorothea; Tzschaschel, Sabine; Blenck, Jürgen (Hrsg.): Der Leipzig Atlas. Köln: Hermann-Josef Emons Verlag.

Abb. 31: Brachfläche Prager Straße vorher. Quelle: Heck, Astrid (o.J.). In: Schmidt, Helga; Mayer, Gudrun; Wiktorin, Dorothea; Tzschaschel, Sabine; Blenck, Jürgen (Hrsg.): Der Leipzig Atlas. Köln: Hermann-Josef Emons Verlag.

Abb. 32: Stadtteilgrünfläche nachher. Quelle: Heck, Astrid (o.J.). In: Schmidt, Helga; Mayer, Gudrun; Wiktorin, Dorothea; Tzschaschel, Sabine; Blenck, Jürgen (Hrsg.): Der Leipzig Atlas. Köln: Hermann-Josef Emons Verlag.

Abb. 33: Entwicklung zusammenhängender „Grüner Polster" im Gründerzeitquartieren des Leipziger Ostens. Quelle: Heck, Astrid (o.J.). In: Schmidt, Helga; Mayer, Gudrun; Wiktorin, Dorothea; Tzschaschel, Sabine; Blenck, Jürgen (Hrsg.): Der Leipzig Atlas. Köln: Hermann-Josef Emons Verlag.

Abb. 34: Entwurf HTWK Leipzig Gutachterverfahren Stadtplatz Gohlis. Quelle: Stadt Leipzig, Dezernat Planung und Bau (1999): Blaue Reihe -Beiträge zur Stadtentwicklung 27: Stadtplatz Gohlis und Umfeld.

Abb. 35: Leipzig Gohlis, Gutachterverfahren (blau), Pilotprojekt Stallbaumstraße (grün). Quelle: Fenzlein, Henry (2014). Eigene Darstellung. - Grundlagendaten: Stadt Leipzig, Dezernat Planung und Bau (1999): Blaue Reihe -Beiträge zur Stadtentwicklung 27: Gutachterverfahren Stadtplatz Gohlis.

Abb. 36: Übersichtsplan Pilotprojekt Stallbaumstraße. Quelle: baunetz (2005) URL: http://www.baunetz.de/meldungen/Meldungen_Wohnungsbauprojekt_in_Leipzig_uebergeben_20001.html – Zugriff am 06.01.2015

Abb. 37: Pilotprojekt Stallbaumstraße Perspektive.Quelle: michimaya (2010). URL: http://farm3.static.flickr.com/2733/4531601299_c991182415.jpg – Zugriff am 05.01.2015

Abb. 38: Planungs- und Genehmigungsverfahren Stadthäuser. Quelle: Stadt Leipzig, Dezernat Stadtentwicklung und Bau (2011): Blaue Reihe -Beiträge zur Stadtentwicklung 51: Stadthäuser in Leipzig.

Abb. 39: Kostenkalkulation für Stadthaus mit 140qm Nutzfläche. Quelle: Stadt Leipzig, Dezernat Stadtentwicklung und Bau (2011): Blaue Reihe -Beiträge zur Stadtentwicklung 51: Stadthäuser in Leipzig.

Abb. 40: Entwicklung der monatlichen Haushaltseinkommen Sachsen, Chemnitz, Dresden, Leipzig 2001-2010 in Euro. Quelle: Stadt Leipzig, Amt für Statistik und Zahlen (2011): Statistsischer Quartalsbericht III/2011. URL: http://www.leipzig.de/fileadmin/mediendatenbank/leipzig-de/Stadt/02.1_Dez1_Allgemeine_Verwaltung/12_Statistik_und_Wahlen/Statistik/Statistischer_Quartalsbericht_Leipzig_2011_3.pdf - Zugriff am 13.02.2015

Abb. 41: Farbbeutelattacke gegen Stadthäuser in Leipzig Connewitz. Quelle: Katzer, Regina (2011). URL: http://www.oaz-online.de/queport/jrs?xpath=namred/bild_original/phpd89ce730c5201111091414.jpg – Zugriff am 10.02.2015

Abb. 42: Möckernsche Straße, Leipzig Gohlis. Quelle: Fenzlein, Henry (2015). Eigene Aufnahme.

Abb. 43: Niederkirchner Straße, Leipzig Südvorstadt. Quelle: Fenzlein, Henry (2015). Eigene Aufnahme.

Abb. 44: Shakespearestraße, Leipzig Südvorstadt. Quelle: Fenzlein, Henry (2015). Eigene Aufnahme.

Abb. 45: Paul-Gruner-Straße, Leipzig Südvorstadt. Quelle: Fenzlein, Henry (2015). Eigene Aufnahme.

Abb. 46: Shakespearestraße, Leipzig Südvorstadt. Quelle: Fenzlein, Henry (2015). Eigene Aufnahme.

Abb. 47: Roßmäßlerstraße, Leipzig Connewitz. Quelle: Fenzlein, Henry (2015). Eigene Aufnahme.

Abb. 48: Knaurstraße, Leipzig Connewitz. Quelle: Fenzlein, Henry (2015). Eigene Aufnahme.

Abb. 49: Schmutzlerstraße, Leipzig Connewitz. Quelle: Fenzlein, Henry (2015). Eigene Aufnahme.

Abb. 50: Ernst-Schneller-Straße, Leipzig Connewitz. Quelle: Fenzlein, Henry (2015). Eigene Aufnahme.

Abb. 51: Aucherbachstraße, Leipzig Connewitz. Quelle: Fenzlein, Henry (2015). Eigene Aufnahme.

Abb. 52: Industriestraße, Leipzig Gohlis. Quelle: Fenzlein, Henry (2015). Eigene Aufnahme.

Abb. 53: Möckernsche Straße, Leipzig Gohlis. Quelle: Fenzlein, Henry (2015). Eigene Aufnahme.

Abb. 54: Schmutzlerstraße, Leipzig Connewitz. Quelle: Fenzlein, Henry (2015). Eigene Aufnahme.

Abb. 55: Schmutzlerstraße, Leipzig Connewitz. Quelle: Fenzlein, Henry (2015). Eigene Aufnahme.

Abb. 56: Übersicht Anzahl und Standorte von Stadthäusern in Leipzig, nicht maßstäblich. Quelle: Fenzlein, Henry (2014). Eigene Darstellung. - Grundlagendaten: Stadt Leipzig, Dezernat Stadtentwicklung und Bau (2011): Blaue Reihe -Beiträge zur Stadtentwicklung 51: Stadthäuser in Leipzig ; Haas, Winfried (2011): Wohnprojekte werten Quartiere auf – Beispiele aus Leipzig. URL: http://www.wbb-nrw.de/fileadmin/red_dateien/Download/Wohnprojekte-Tage_NRW/9_wpt_vortrag_leipzig.pdf – Zugriff am 11.01.2015 ; selbstnutzer kompetenzzentrum für wohneigentum gmbh (2009): Realisierte Selbstnutzerprojekte – Leipzig. URL: http://selbstnutzer.de/images/fakten/Best-of-Stadthaeuser.pdf – Zugriff am 11.01.2015

Abb. 57: 5km Radius um Stadtkern. Quelle: Fenzlein, Henry (2015). Eigene Darstellung.

Abb. 58: Orientierung zum Auwaldgebiet. Quelle: Fenzlein, Henry (2015). Eigene Darstellung.

Abb. 59: Konzentrationsräume von Stadthäusern. Quelle: Fenzlein, Henry (2015). Eigene Darstellung.

Abb. 60: Standorte Pilotprojekte. Quelle: Fenzlein, Henry (2015). Eigene Darstellung.

Abb. 61: Vom Kleinhaus zum Großhaus - Städtebauliche Varianz des Leipziger Stadthauses. Quelle: Fenzlein, Henry (2015). Eigene Darstellung.

Abb. 62: Stadtseite: Simulation von fünf Geschossen. Quelle: Fenzlein, Henry (2015). Eigene Darstellung.

Abb. 63: Hofseite: Abterassierung, Privatisierung. Quelle: Fenzlein, Henry (2015). Eigene Darstellung.

Abb. 64: Simulation von Blockrand durch Hofschließung. Quelle: Fenzlein, Henry (2015). Eigene Darstellung.

Abb. 65: Simulation eines Mehrgeschosses durch Parken im Erdgeschoss. Quelle: Fenzlein, Henry (2015). Eigene Darstellung.

Abb. 66: Blick von Dachterrasse eines Stadthauses im Hinterhof Industriestraße. Quelle: Dima Immobilien (2014). URL: http://dima-immobilien.de/wp-content/files_mf/cache/th_5b80941671e73300f15eed5d3395b4d9_1398855111h3terr2.jpg – Zugriff am 22.01.2015

Leipzigs Stadthäuser – Porträt einer Zwischenlösung

Abb. 67: Übersichtsplan Sanierungsgebiet Plagwitz, Areal Fallstudie rot markiert. Quelle: Fenzlein, Henry (2015). Eigene Darstellung. - Grundlagendaten: Stadt Leipzig, Amt für Stadterneuerung und Wohnungsbauförderung, Amt für Statistik und Wahlen (2011): Fördergebietskatalog 05/11. URL: http://www.leipzig.de/fileadmin/mediendatenbank/leipzig-de/Stadt/02.1_Dez1_Allgemeine_Verwaltung/12_Statistik_und_Wahlen/Statistik/Foerdergebietskatalog_2011-13.Pdf – Zugriff am 05.01.2015

Abb. 68: Verbrauch Städtebaufördermittel Sanierungsgebiet Leipzig Plagwitz 1991-2009. Quelle: Stadt Leipzig, Amt für Stadterneuerung und Wohnungsbauförderung, Amt für Statistik und Wahlen (2011). Fördergebietskatalog 05/11. URL: http://www.leipzig.de/fileadmin/mediendatenbank/leipzig-de/Stadt/02.1_Dez1_Allgemeine_Verwaltung/12_Statistik_und_Wahlen/Statistik/Foerdergebietskatalog_2011-13.Pdf – Zugriff am 05.01.2015

Abb. 69: Areal Fallstudie, Stand Sanierungsmaßnahmen 2000. Quelle: Stadt Leipzig, Amt für Stadterneuerung und Wohnungsbauförderung (2000): Sanierungsgebiet Plagwitz Investitionsplan.

Abb. 70: Areal Fallstudie, Stand Sanierungsmaßnahmen 2008. Quelle: Stadt Leipzig, Amt für Stadterneuerung und Wohnungsbauförderung, Amt für Statistik und Wahlen (2011): Fördergebietskatalog 05/11. URL: http://www.leipzig.de/fileadmin/mediendatenbank/leipzig-de/Stadt/02.1_Dez1_Allgemeine_Verwaltung/12_Statistik_und_Wahlen/Statistik/Foerdergebietskatalog_2011-13.Pdf – Zugriff am 05.01.2015

Abb. 71: Stadtteilpark Plagwitz und Kanaluferweg 1997-2000. Quelle: Fenzlein, Henry (2015). Eigene Darstellung.

Abb. 72: Gelände vor der Transformation zum Stadtpark. Quelle: Stadt Leipzig, Dezernat Planung und Bau (1998): Blaue Reihe - Beiträge zur Stadtentwicklung 21: Gutachterverfahren zum Wettbewerb „Stadtteilpark Plagwitz".

Abb. 73: Gelände nach Transformation zum Stadtpark. Quelle: staedtebauförderung.info (2008). Industriestraße Leipzig Plagwitz. URL:http://www.staedtebaufoerderung.info/StBauF/SharedDocs/Bilder/StBauF/Sanierungs_und_Entwicklungsmassnahmen/Praxis/Leipzig-Plagwitz-01.jpg?__blob=normal&v=1 – Zugriff am 25.01.2015

Abb. 74: Pilotprojekt 15 Stadthäuser Industriestraße 2002-2005. Quelle: Fenzlein, Henry (2015). Eigene Darstellung.

Abb. 75: Wolfgang Tiefensee zum Spatenstich Pilotprojekt Industriestraße. Quelle: Augspurg Borchowitz Architekten (o.J): Stadt in Reihe. URL: http://www.asabp.de/4jet93ydls/wp-content/uploads/2011/03/industriestrasse.pdf – Zugriff am 26.01.2015

Abb. 76: Straßenansicht Pilotprojekt Industriestraße. Quelle: Deutsches Architekturforum (2008): Stadthäuser Industrie-/Zschochersche-/Naumburger Straße. URL: http://www.deutsches-architektur-forum.de/forum/showthread.php?p=171428 – Zugriff am 26.01.2015

Abb. 77: Typengrundriss Stadthäuser Industriestraße. Quelle: Augspurg Borchowitz Architekten (o.J): Stadt in Reihe. URL: http://www.asabp.de/4jet93ydls/wp-content/uploads/2011/03/industriestrasse.pdf – Zugriff am 26.01.2015

Abb. 78: Investorenprojekt 28 Stadthäuser von Siewert Hausbau 2009-2011 . Quelle: Fenzlein, Henry (2015). Eigene Darstellung.

Abb. 79: Perspektive Stadthäuser Siewert Hausbau. Quelle: Siewert Hausbau (2011). URL: http://www.siewert-hausbau.de/typo3temp/pics/edeeb0952d.jpg – Zugriff am 27.01.2015

Abb. 80: Stadthäuser der LWB im Stadtteilpark 2010-2012. Quelle: Fenzlein, Henry (2015). Eigene Darstellung.

Abb. 81: Stadthäuser LWB im Stadtteilpark. Quelle: Deutsches Architekturforum (2012): LWB Stadthäuser in der Industriestraße. URL: http://www.deutsches-architektur-forum.de/forum/showthread.php?t=6950&page=57 – Zugriff am 27.01.2015

Abb. 82: Gesperrter Streetball-Platz, Farbbeutelattacke auf Stadthaus. Quelle: Ziesch, Conrad (o.J.): Spiel auf Zeit. URL: http://crossover-online.de/wp-content/uploads/2012/09/local_leipzig1_640x320.jpg – Zugriff am 27.01.2015

Abb. 83: Stadthäuser von Dima Immobilien, Selbstnutzer und Augustin Inkamp 2011-2014. Quelle: Fenzlein, Henry (2015). Eigene Darstellung.

Abb. 84: Stadthäuser von Dima Immobilien. Quelle: Dima Immobilien (2014): Stadthäuser Industriestraße 77a. URL: http://dima-immobilien.de/referenzen/stadthauser-industriestr-77a/ - Zugriff am 29.01.2015

Abb. 85: Stadthäuser Augustin+Inkamp und Selbstnutzer in der Eduardstraße 2011-2012 in der Eduardstraßde. Quelle: Deutsches Architekturforum (2012): Stadthäuser à la Südvorstadt in der Eduardstraße. URL: http://i238.photobucket.com/albums/ff195/disco_sucks/architecture/Leipzig_2012/94cd9654.jpg/ - Zugriff am 29.01.2015

Abb. 86: Grundrisse Stadthaus Eduardstraße, linkes Haus. Quelle: Augustin+Inkamp Architekten (2012): Eduardstraße 11 Expose. URL: http://picture.immobilienscout24.de/files/video001/N/74/302/690/74302690-0.pdf?2989562961 - Zugriff am 30.01.2015

Abb. 87: Luftbild Areal Fallstudie 2006, implementiertes Pilotprojekt. Quelle: Microsoft Cooperation (o.J): Bing Karten: Industriestraße, 0422 Leipzig.

http://www.bing.com/maps/?FORM=Z9LH3#Y3A9NTEuMzI2NzAxfjEyLjMzOTQ2NSZs
dmw9MTYmc3R5PXImd2hIcmUxPWxlaXB6aWclMjBpbmR1c3RyaWVzdHJhJUMzJTlG
ZQ== - Zugriff am 31.01.2015

Abb. 88: Luftbild Areal Fallstudie 2012. Quelle: Bundesamt für Kartographie und Geodäsie (o.J): Gogle Maps: Industriestraße, 04227 Leipzig. URL: https://maps.google.de/maps?f=q&source=s_q&hl=de&geocode&authuser=0&q=Leipzig,+industriestraße+77&aq&vps=1&jsv=494a&sll=51.339696,12.373075&sspn=0.30 2838,0.725784&vpsrc=0&t=h&gl=de&ie=UTF8&ct=clnk&cd=1&spell=1&output=clas sic&dg=brw - Zugriff am 31.01.2015

Anmerkung

Aus Gründen der besseren Lesbarkeit wird auf die gleichzeitige Verwendung männlicher und weiblicher Sprachformen verzichtet. Sämtliche Personenbezeichnungen gellten gleichwohl für beiderlei Geschlecht.

Zum Autor

Henry Fenzlein 1986 geb. in Schmalkalden, studierte Architektur an der Hochschule für Technik, Wirtschaft und Kultur Leipzig (Diplom) und Urbanistik an der Bauhaus Universität Weimar (Master). Er arbeitete für das Wiener Architekturbüro Coop. Himmelblau und die Leipziger Stadt- und Landschaftsplaner Station C23 und war Lehrbeauftragter am Lehrstuhl für Städtebau und Entwurf des Fachbereichs Architektur der HTWK Leipzig. Er ist Mitbegründer des Octagon e.V – Raum für Architektur und Urbanes in Leipzig - und arbeitet derzeit freiberuflich als Architekt. Die Grundlage dieses Buches entstand als Abschlussarbeit seines Urbanistik Studiums bei Prof. Barbara Schönig (Professur für Stadtplanung) und bei Prof. Max Welch Guerra (Professur für Raumplanung und Raumforschung) an der Bauhaus Universität Weimar.

Danksagung

Mein Dank gilt Prof. Barbara Schönig und Prof. Max Welch Guerra für die Betreuung dieser Arbeit. Ich danke Prof. Harald Bodenschatz für die Möglichkeit dieses Buch zu publizieren und Prof. Andreas Wolf für den stetigen Austausch und seine herzliche Förderung meiner Person. Weiterhin danke ich den Interviewpartnern Dr. Beate Ginzel, Heiko Mühle, Dr. Thomas Siewert und Reinhard Wölpert für ihre Bereitschaft zum fachlichen Austausch. Ich danke Sophia Pietryga für das Lektorat und zu guter Letzt meiner Liebe Janine und meinem Sohn Otto.

***ibidem*-**Verlag
Melchiorstr. 15
D-70439 Stuttgart
info@ibidem-verlag.de

www.ibidem-verlag.de
www.ibidem.eu
www.edition-noema.de
www.autorenbetreuung.de

www.ingramcontent.com/pod-product-compliance
Lightning Source LLC
Chambersburg PA
CBHW051814230426
43672CB00012B/2736